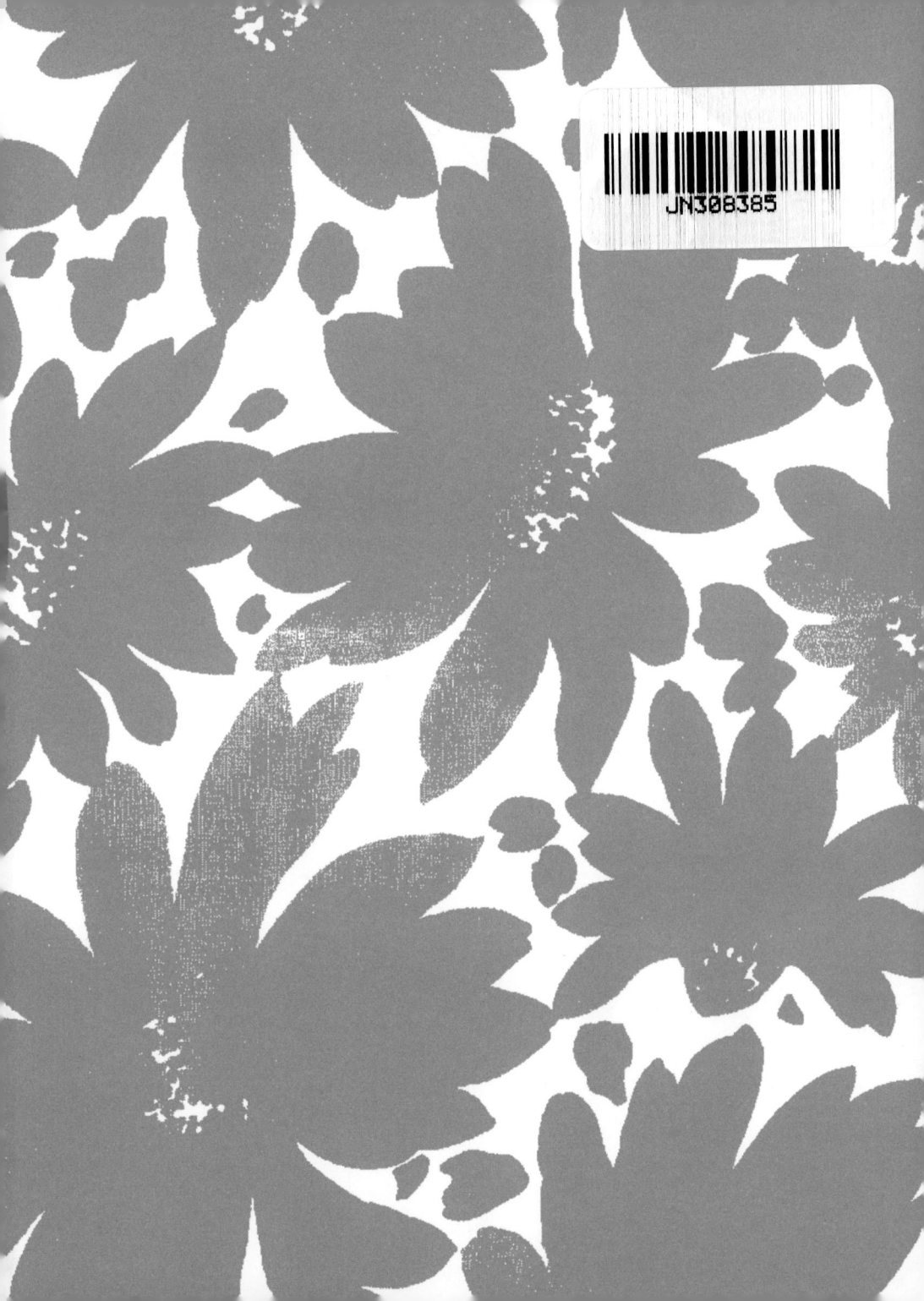

STYLE

スタイル

スタイルを身につけるには、
まずはどんなスタイルも装わないことである

ウィリアム・ストランク・Jr、E・B・ホワイト共著
『エレメンツ・オブ・スタイル』より

いつも優雅に、ときには自由に

STYLE

スタイル

BY

Kate Spade

edited by Ruth Peltason and Julia Leach

illustrations by Virginia Johnson

HAVE YOU EVER WONDERED...?

こんなとき、どうしたら……？

9月に入りました。ということは、もう白を着てはいけない季節？
でも、いまどき「季節はずれ」なものなんてあるのでしょうか？

白を着るかどうかは、個人の好みの問題です。長年の慣習にとらわれることはありません。白を基調に服を揃えている人は、1年中構わず着ればいいのです。ただし、季節に応じてちょっとした工夫をするのがコツ。秋口には、アイボリーとブルーのシアサッカーのブレザーにスカーフを合わせて。夏の純白の後には、こんな白使いがおすすめです。

ストライプのシャツを着たいのですが、
縦縞は学生みたいで気が引けます。
もう少しドレッシーで
落ち着きのあるストライプってありませんか？

ストライプほど上品な柄はありません。でも、だからといって型どおりの縞柄はおもしろ味に欠けます。横縞で幅の広いものはグラフィック的なインパクトはあるけれど、もっとさりげなく差をつけたいなら、動きのある斜めストライプを選びましょう。これなら、お嬢様学校をイメージをさせることもありません。

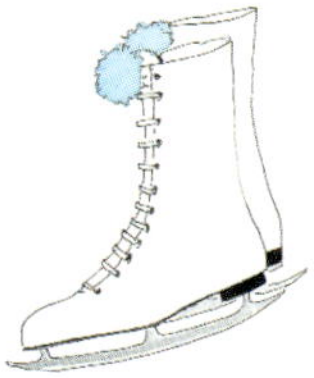

収納スペースがあまりないので、
クローゼットに眠っているものを処分しようと思うのですが、
懐かしいお気に入りの品はどうしても手放せません。
10才のとき以来履いていないスケート靴もそのひとつ。
もしかして私、"片づけられない"症候群？

後ろめたさを感じる必要はありませんし、答えはいたって簡単です。なかには永久保存版のアイテムというのがあって、センチメンタルな理由だけで残しておいても構わないものもあるのです。ただし、邪魔にならないように棚などにきちんとしまっておくとよいでしょう。

HAVE YOU EVER WONDERED...?

こんなとき、どうしたら……？

夜のお出かけにぴったりのドレスがあるのですが、
正直言って少し地味め。どうすればもっと華やかにできますか？

とにもかくにも小物類です。シンプルな服を引き立てるには、色鮮やかな石をつなげたネックレスや、光沢のあるハイヒールがいちばん。個性やスタイルを際立たせるポイントは、上手な小物使いにあるのです。

高級なヴィンテージショップでは、カシミアのセーターもパーティードレスも、
最高の状態に保たれています。家庭でも同じようにできますか？

古くても新しくても、上質の服は必ずパッド付きのハンガーに掛けましょう。ワイヤーハンガーでは十分な支えが得られません。お手入れには特に注意が必要です。例えば、カシミアは必ず中性洗剤で手洗いし、よくすすぎます。祖母たちの時代のセーターが今でも素敵に見えるのは、そんなお手入れのおかげなのです。

普段は大きめで目立たない色の、
実用本位のバッグを持ち歩いています。
でもアフターファイブにカクテルパーティーに出席するときには、
“仕事用”ではない、もっと楽しいバッグを持ちたいのですが、
どんなものがありますか？

夕方からのイベントのためにその日1日、不便な思いをすることはありません。仕事にはいつもの大きめのバッグを使い、その中にパーティー用の小さなバッグを忍ばせておきましょう。色鮮やかなボックス型ハンドバッグなら、手首に通せてカクテルもオードブルも、こぼしたり落としたりせずにいただけます。

HAVE YOU EVER WONDERED...?

こんなとき、どうしたら……？

うっとりするような透け感のあるブラウスを、夏の結婚披露宴に着て行きたいのですが、ひとつ問題があるのです。結婚式が行われるのは、保守的で小さな田舎町。このブラウスを着てもひんしゅくを買ったりしないでしょうか？

周囲の人に配慮するのはとっても大切。披露宴ならなおさらです。そのブラウスの下におしゃれなキャミソールを着てごらんなさい。肌を隠すことと、色を重ねることの二重の効果が得られます。

旅行の荷物は決まって、ブラウスがシワくちゃになったり、パンツに折りジワがついたりしてしまいます。スチームアイロンを入れるスペースもないし、荷造りのコツを教えてください。

薄葉紙（註：ショップなどで洋服を包むときに使う薄い紙）は旅行者の強い味方です。特に大切な服なら、初めにスーツケースの隅に薄葉紙を詰めておくといいでしょう。もしくは薄葉紙で服を包み、さらに服と服の重なりごとにも薄葉紙をはさみます。クリーニング店のビニール袋も利用できますが、薄葉紙とちがって袋の中で服が寄ったりスライドしたりしてしまいます。

しばらく独立して仕事をしていましたが、今度、クリエイティブ業界の企業に勤めることになりました。カジュアルウェア中心の服装を改めなければいけないでしょうか？

クリエイティブ業界だからといって、Tシャツや最新モデルの高価なスニーカーで通勤してもいい、またはしなければいけない、ということはありません。職場に慣れるまではプロフェッショナルな装いを心がけましょう。フリーランス風ジーンズは週末用にとっておいて。

HAVE YOU EVER WONDERED...?

こんなとき、どうしたら……？

何ヵ月ものジム通いの末、ようやくぺったんこのお腹と
スリムなヒップを手に入れたので、
人に見せびらかしたくなりました。
ヘソ出しルックがタブーな場所や場面はありますか？

常識をはたらかせればほぼ心配ないでしょう。でも、あなたが17才だとか、ものすごく馴染みの場所へ行くとかでない限り、多少はカバーしたほうが無難です。隠している（＝想像をかき立てる）ほうがよっぽどセクシーな場合もあるのです。

パールに憧れますが、高価で手が出ません。本物の宝石と
イミテーションを組み合わせても大丈夫でしょうか？

ジュエリーをおしゃれに着こなすには、形、色、そして全体のバランスを考えることが大切。祖母の天然真珠のネックレスと、ディオールのイミテーションのブローチがマッチするなら、その組み合わせであちこち出かけ、自分のトレードマークにしてもいいですね。

姉はスカーフや手袋が大好きなのですが、選ぶのはくすんだ色や地味な
デザインのものばかり。もう少し華やかなものを持ってほしいのですが、
遊び心がありながら大胆すぎないものってありますか？

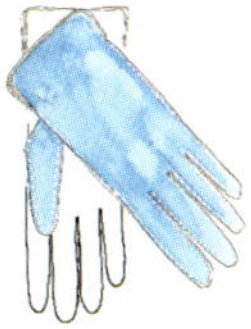

鮮やかなツートンカラーのスエードの手袋をプレゼントしてはどうでしょう。ツートンは定番（シャネルの黒とベージュのパンプスのように）ですし、ターコイズや濃いピンクならば、黒や茶のコートに色がプラスされパッと華やかになります。

では最後に、服をまとわなくてもスタイリッシュでいられるか、
なんて考えたことはありますか？

「もっとも上等な衣服は人間の皮ふだが、社会は当然それ以上を求めている」
マーク・トウェイン

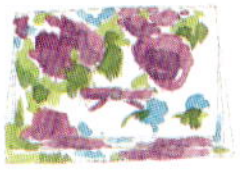

CONTENTS

STYLE, FROM SCHIAPARELLI TO STRUNK & WHITE

スタイル。スキャパレリからストランク＆ホワイトまで

「流行は移り変わっても、スタイルは変わらない」
ダイアナ・ヴリーランド

ニューヨークはおそらく世界でいちばん自由な街、ファッションに関しては特にそう言えます。ニューヨークにはスタイルがあふれています。それは建物や公園を見ても、街中に花が飾られていることや、芸術や音楽がここに凝縮していることからもわかります。本や映画を愛する人々が四六時中、語り合える街。スタイルが当たり前のように、そこかしこにあるのです。旅に出ても、メキシコからナパバレー、そして東京まで……スタイルはいたるところにあふれています。

ダイアナ・ヴリーランド（註：1939年～『ハーパーズバザー』誌ファッションエディター、1962～71年まで『ヴォーグ』誌編集長）のような人は、きっと生まれながらに独自のスタイルをもっていて、グレース・ケリーの美しさやスタイルもまた、まぎれもなく天賦のものでしょう。私が生まれ育った中西部では誰もスタイルのことなど頭にありませんでした。少女時代の私にとってスタイルと言えば、5人姉妹の中でどうやって自分をちがって見せるかということくらいでしたが、それはかなりの難題でした。10代のころは古着屋をくまなく見て回ったものです。今でも出かける先々で小さなヴィンテージショップをチェックします。昔からはっきりした鮮やかな色が好きでしたが、今は14歳のときより一層好きになっています。

私にはいわゆるスタイルの指南役のような人はいませんでした。その代わり、いつも写真や映画からインスピレーションを得ていました。映画〈悲しみよこんにちは〉のジーン・セバーグの小粋な雰囲気や、〈裸足で散歩〉のジェーン・フォンダのはつらつとした新妻ぶりに思いを巡らせていると、自然とアイデアが湧いてくるのです。キャサリン・ヘプバーンがパンツスタイルにこだわったのは“女性の反逆”なんかではなく、そのスタイルに自分らしさを見出したからでした。自分の“重心”を見つけることができたからこそ、彼女のパンツ姿はシックに見えたのです。

夫のアンディは、スタイルは生まれつきのものだとよく言います。アンディも私も、スタイルはいろいろなものの総体だと考えているのです。その筆頭が自分を知ることと、自分に自信をもつことです。何がいちばん似合うかを知り、それを最大限いかすこと。自分がハッピーになれる服を着るべきだ、というのが私の持論です。従うべきルールがあるとすれば、唯一、自分自身のルール、それ以外にはありません。(シャネルやスキャパレリが当時のルールに従っていたら、黒のジャージードレスやショッキングピンクは生まれていたかしら?)

スタイルを身につけるための魔法の方程式を教えることは、私にもアンディにもできませんが、ひとつ言えるとしたら、本物のスタイルは自分を取り巻く世界、つまり本や映画、芸術、音楽、旅行、そして何より自分以外の人々に目を向けることから生まれる、ということかしら。そして、作家ウィリアム・ストランクとE・B・ホワイトは、スタイルとは"明快さ"だと言っています。

私は決して自分がスタイルの手本だなどとは思いませんが、素敵なスタイルをもっていると思う女性は、ベーブ・ペイリー(註:40・50年代のファッションシンボル。『ヴォーグ』誌編集者)からビョークまでたくさんいて、この本では彼女たちの成した偉業についても触れています。私自身のアイデアやお気に入りの品も紹介し、好きな色やその組み合わせ方についても多くのページを割いています。小物やアクセサリー(私の着こなしの柱とも呼べるものです)を好きに替えられるなら、1週間同じパンツをはき続けることも平気な私ですから、靴やハンドバッグ、帽子、ジュエリーに関するアイデアも盛りだくさんです(例えば、キラキラしたブレスレットをいくつも重ねたり、量感のあるネックレスをひとつだけ身につけたりするのが大好き)。仕事のスタイル、パーティースタイル、そしてもちろん遊び(海へ行ったり、自転車に乗ったり、ハンモックでのんびり過ごしたりするとき)のスタイル、いずれもピックアップしています。最後のセクションでは、スタイルのメンテナンスに目を向け、クローゼットの整理、ヴィンテージ服のお手入れ、カシミアやジュエリーを良好な状態に保つコツを紹介しています。

私はダイアナ・ヴリーランドの『why don't you…?』のコラムは天才的だと思っていましたし、私にとっては小さな贈りものでした。なぜなら、その独特のやり方で、女性の自分自身や周りの世界に対する見方を解放してくれたからです。そこには選択の自由と創造性という魅力がありました。それにはとうてい及びませんが、この本がさまざまなアイデアのヒントとなり、皆さんのおしゃれ心や冒険心に火をつけることを願っています。スタイルは水銀みたいなもの……とらえようとした途端に逃げてしまうものですから。

ケイト・スペード　2003年 ニューヨークにて

SECTION ONE

Style and the World

スタイルと世界

スタイルが見つかるところ

本・映画・美術

デザイン/建築・伝統/モダニズム

ケイト流スタイル：現在進歩中

ピンクが幸せの象徴のように……

パターン・クレイジー

自分らしいスタイルを身につけ、スタイルを手放す方法

FINDING STYLE IN ALL THE RIGHT PLACES

スタイルが見つかるところ

「人や本や映画からアイデアを得た、と公言するのはよいことだと思います。アイデアがなければ創造力も個性もないと考えてしまうと、プレッシャーになってしまうからです。スタイルは画期的商品のように発明するものではなく、生き方の一部。だからいろいろなものに目を向けたり、探求したりするのは当然ですし、そうして学んだものを自分のスタイルにしてしまえばよいのです。それで構わないと思っています」

BOOKS 本

絵本作家ドクター・スースや、『くまのプーさん』、ピーターラビットの生みの親ベアトリクス・ポッターの作品などは、人がこの世に生を受けて最初に出会う言葉の世界です。その魔法の入口をひとたび通れば、反逆やロマンス、冒険などの深遠な世界（『ライ麦畑でつかまえて』や『夜はやさし』を思い浮かべてみて）まではひとっ飛びです。ウィットに富んだ会話を身につけたいですか？　それならジェーン・オースティンの作品を読みましょう。お金持ちの気分に浸りたい人は、写真家スリム・アーロンズの『ア・ワンダフル・タイム』をめくってみるといいでしょう。トラブルを楽しみたければ、レイモンド・チャンドラーの『大いなる眠り』を読めば存分に堪能できます。自分のことや好みがよくわからないという人は、こう唱えましょう。
"I am Sam I am"（註：ドクター・スース『グリーンエッグ・アンド・ハム』の一節）

MOVIES 映画

時間旅行をするには映画がいちばんです。ヘアスタイルやメイクアップ、衣装に興味がある人には、ジャック・ドゥミの〈シェルブールの雨傘〉（完璧なまでの衣装コーディネート）とウディ・アレンの〈アニー・ホール〉（髪も服もルーズ）がおすすめです。家族の意味を考えたい人には、アメリカの家族の変容が見られるオーソン・ウェルズの〈偉大なるアンバーソン家の人々〉（非常に保守的で前時代的）やウェス・アンダーソンの〈ザ・ロイヤル・テネンバウムズ〉（自由奔放、でもそれだけではない）があります。映画は究極の娯楽であり、教育であり、アイデアの宝庫なのです。

「美術や文学、娯楽、旅行、政治、インテリア、料理、ファッションは、
暮らしの表現であり、男女に共通の関心事である」

『フレア』編集長、フラー・コウル

ART 美術

美術の世界では、メッセージや感覚は純粋に視覚的で、どう受け取るかは人それぞれ。ディーベンコーンやロトコの絵画を友だちといっしょに鑑賞し、互いの感想を話し合ってみましょう。また別の友だちとは、ロバート・フランクの写真を見に行き語り合ってみて。午後のひとときを近くの美術館やギャラリーで過ごしたり、旅先で訪れるのもよいものです。美術は世界共通の言語です。作品が語りかけてくると、インスピレーションが湧いてきます。

DESIGN/ARCHITECTURE
デザイン／建築

愛用のモーニングカップやいすだけでなく、サングラスにさえスタイルは表れます。ロデオの盛んなカンザスシティーのような田舎に住んでいても、摩天楼の中で暮らしていても、インスピレーションはいつどこででも得られます。ボザール建築の装飾を、ただただ美しいと感じる人もいれば、ガラスに覆われた現代建築に明晰さと緻密さを感じる人もいるでしょう。

TRADITION/MODERNISM 伝統／モダニズム

ケッズスニーカーのかかとに付いているお馴染みの青い小さなラバーラベル、ゴツゴツしたソール、やわらかく厚い靴ひもを思い浮かべてみましょう。完成されたシンプルな7号の靴。その対極には、プーマのウォーキングシューズがあります。最先端のエアーメッシュ素材、人間工学に基づくソール、最新のマジックテープのストラップ。21世紀的完璧さを備えた7号の靴。何度も言いますが、伝統的要素とモダンな要素をどう選び、ブレンドさせるかはあなた次第。エラ・フィッツジェラルドをiPodで聴くのもよいものでしょう?

BOOKS 本

「本のない人生や枕元なんて考えられません。アンディも私もどこに行っても書店や古本屋をのぞいては、写真集や美術書を買います。私のお目当てはたいてい大判のビジュアル本ですが、アンディは珍しい本を見つける才能があるようです。彼の最近の掘り出しものは、1950年発行のペーパーバック『ポピュラリティ・プラス』(註:サリー・シンプソン著。若者のための絵入りマナー本)です。本を表紙で(物事を見かけで)判断できるかどうかはわかりませんが、本棚を見ればその人の人となりが見えるものです」

BOOKS THAT INSPIRE AND FILL THE WORLD WITH THOUGHT AND VISION . . .
インスピレーションにあふれ、世界を思想とビジョンで満たす本

ベアトリクス・ポッターの本すべて

デヴィッド・ダグラス・ダンカン著『グッバイ・ピカソ』
「ピカソへのオマージュ。とても親密」

ウィリアム・ストランク・Jr、E・B・ホワイト共著『エレメンツ・オブ・スタイル』
「夫のお気に入りの本」

ダイアナ・ヴリーランド著『アルール 美しく生きて』

ウォルター・ホーヴィング著『ティファニーのテーブルマナー』
「若者とマナーについて書かれたユーモアたっぷりの本。
ジョー・ユーラのイラストが可愛いらしい」
(註:著者はティファニーの3代目経営者)

ロバート・フランク著『アメリカンズ―ロバート・フランク写真集』

アーネスト・ヘミングウェイ著『日はまた昇る』

アレクサンダー・リーバーマン著『ゼン』

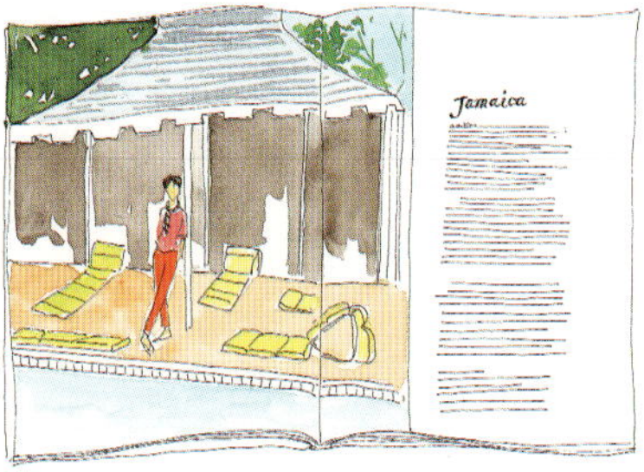

スリム・アーロンズ著『ワンダフル・タイム』
「究極の粋な生活」

トルーマン・カポーティ、リチャード・アヴェドン共著『オブザヴェイションズ』
「なかなか手に入りません。特にケース付きのものは稀少」

エミリー・ポスト著『エチケット』「必読書」

レイモンド・チャンドラー著『大いなる眠り』

フィリップ・ハルスマン著『ジャンプ・ブック』
(註:著者は50年代に『ライフ』誌の表紙を飾ったポートレート写真家)

ポール・ランド、アン・ランド共著『ことば』

ロバート・ベントン、ハーヴェイ・シュミット共著『イン・アンド・アウト・ブック』
「文句なしに楽しい本。それに的を射ています!」

「私が個人的におすすめする本は、アンディがいろいろな本の表紙をコピーしてつくった『An Argument for Looking At Books Instead of Reading Them(本は読まずに眺めるべきだとする理由)』という本です」

サム・ハスキンズ著
『カウボーイ・ケイト』

The quick brown fox
jumps over a lazy dog.

ENDURING STYLE . . .
BASKERVILLE TYPEFACE (C. 1750s)
不朽のスタイル　バスカーヴィル・フォント（1750年代頃）

ジョン・バスカーヴィルは、職人的な入念さでこの書体の完成まで6年の歳月を費やすほどの完璧主義者でした。このフォントの特徴は、丸みを帯びた形、太い線と細い線のコントラスト、繊細で美しいセリフ（註：文字の細いひげ飾り）にあります。伝統的な書体として、書籍の本文などによく使われます。1800年代の一時期、使用が中止となりましたが、1900年代初めにモノタイプ社によって復活され、1923年にはブックデザイナーの間で流行しました。

The quick brown fox
jumps over a lazy dog.

ENDURING STYLE . . .
FUTURA TYPEFACE (1927)
不朽のスタイル　フトゥーラ・フォント（1927年）

繊細なセリフのバスカーヴィルとは対照的に、セリフのないフトゥーラは、力強く幾何学的でシンメトリックな形状が特徴です。ドイツ人のパウル・レンナーによってデザインされたこの書体は、バウハウスやデ・ステイルなどの芸術運動に端を発します。当時も今もフトゥーラはモダンな気風に満ち、こんにち使われている中でもっともクラシックモダンな書体のひとつとなっています。

WRITERS WE READ AGAIN AND AGAIN . . .
私たちが繰り返し読んでいる作家たち

ジョン・チーバー

デヴィッド・セダリス

ジェームズ・サーバー

マーク・トウェイン

J・D・サリンジャー

ヘンリー・デヴィッド・ソロー

ジェーン・オースティン

W・サマセット・モーム

F・スコット・フィッツジェラルド

ドーン・パウエル

ウィリアム・フォークナー

ジェームズ・ソルター

グレン・オブライエン

WHY THE QUICK BROWN FOX?
なぜ"THE QUICK BROWN FOX"なのか？

昔から書体の見本には「The quick brown fox jumps over a lazy dog（すばしっこい茶色のキツネが怠け犬を飛び越える）」という文章が用いられています。それは、この短文がアルファベットのすべての文字を含むパングラムだからです。他にこんな変わったパングラムもあります。「Back in my quaint garden jaunty zinnias vie with flaunting phlox（我が家の古庭では、威勢のいい百日草が誇らしげな夾竹桃と張り合っている）」「Fred specialized in the job of making very quaint wax toys（フレッドは風変わりな蝋のおもちゃをつくる仕事を専門にしていた）」「Viewing quizzical abstracts mixed up hefty jocks（こっけいな要約を見て、たくましい騎手が混乱した）」

MOVIES 映画

「私の好きな夜の過ごし方は、アンディといっしょに家で映画を山ほど観ることです。衣装や映画全体の“見栄え”に特にこだわっている映画が好き。例えば、〈俺たちに明日はない〉はたしかにギャングものですが、本当の見どころはフェイ・ダナウェイとウォーレン・ビーティーです。大恐慌時代、砂埃舞うテキサスの街に佇むフェイ・ダナウェイはあまりにおしゃれで、イタリア版『ヴォーグ』をこっそり盗み見していたのでは、と思わせるほど。これこそ映画のマジックです。見る側はあり得ないことも受け入れてしまうのです。映画のスタイリング、つまり映画のもつ表情や色、そして人それぞれに受け取るメッセージを、アンディは“選択的認知”と呼んでいるのですが、私もそのとおりだと思います。少なくともそれも私たちが映画に求めるスタイルの一部です」

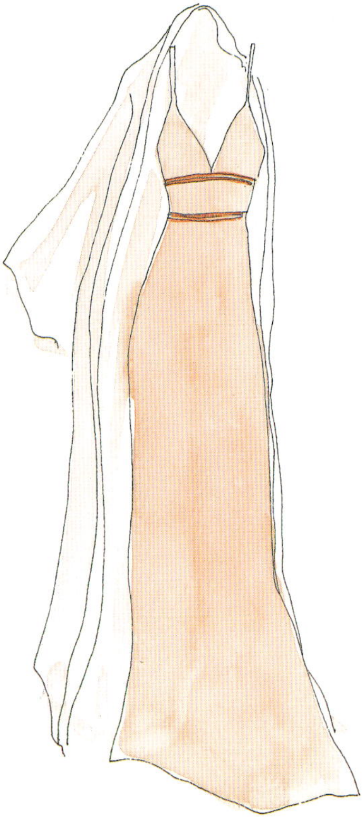

STYLE 101 スタイルあれこれ

共謀スタイル―〈俺たちに明日はない〉

宇宙スタイル―〈バーバレラ〉、〈2001年宇宙の旅〉、映画版〈スタートレック〉

未開地スタイル―〈愛と哀しみの果て〉、〈アフリカの女王〉

借金スタイル―〈ミルドレッド・ピアース〉

船上スタイル―〈太陽がいっぱい〉

ロードスタイル―〈イージーライダー〉、〈ペーパームーン〉

プールサイドスタイル―〈上流社会〉、〈セクシー・ビースト〉

バースタイル―〈バターフィールド-8〉、〈コールガール〉

スクールスタイル―〈グループ〉、〈いつも心に太陽を〉

ビーチスタイル―〈悲しみよこんにちは〉

シティースタイル―〈裸足で散歩〉、〈大都会の女たち〉

法廷スタイル―〈アラバマ物語〉

雨天スタイル―〈雨に唄えば〉

ヒッチコックの〈裏窓〉でイーディス・ヘッドがデザインしたネグリジェをまとったグレース・ケリーは、「まるでピーチパフェになったみたい」と言いました。

MOVIES WITH STYLE . . .
スタイルのある映画

〈ニノチカ〉（エルンスト・ルビッチ、1939年）
衣装デザイナーのエイドリアンは、スキャパレリの“ブルターニュ風セーラー帽”をアレンジしたものを「ちょっとした変な帽子」と呼びました。ガルボがかぶると妙に心を奪われます。

〈赤い風船〉（アルベール・ラモリス、1956年）
赤という色にこれほど勇気を感じ、希望を与えられたことはありません。

〈007／ゴールドフィンガー〉（ガイ・ハミルトン、1964年）
タイトルバックと音楽がすばらしい。まばゆいほどの金の塗装には今でもぞくぞくさせられます。

〈シェルブールの雨傘〉（ジャック・ドゥミ、1964年）
Pourquoi pas?（賛成！）インテリアだって服とコーディネートしましょうよ！

〈俺たちに明日はない〉（アーサー・ペン、1967年）
フェイ・ダナウェイがかぶるとベレー帽もアメリカンテイストに。

〈卒業〉（マイク・ニコルズ、1967年）
見どころは、アン・バンクロフトのトラ縞の髪と豹皮のコート。

〈泳ぐひと〉（フランク・ペリー、1968年）
バート・ランカスター以外は皆、ヒッピー時代以前のアメリカの鋭い目つきをしています。クロムイエローの房飾りと白いビーズの付いたホットピンクのVネックを着たジョーン・リヴァーズを見ると猛烈にボルテージが上がります。

〈いつも二人で〉（スタンリー・ドーネン、1967年）
映画界の永遠のアイドル、オードリー・ヘプバーンがマリー・クワント、ハーディー・エイミーズ、パコ・ラバンヌ、クレージュの60年代ファッションを着こなしています。

〈アニー・ホール〉（ウディ・アレン、1977年）
ダイアン・キートンがどれもぶかぶかのラルフ・ローレンに身を包んでいます。

〈ザ・ロイヤル・テネンバウムズ〉（ウェス・アンダーソン、2001年）
小さなピン留め、くすんだ目、古い毛皮のコート。グウィネス・パルトロウが倦怠的優雅さとも呼べる雰囲気を醸し出しています。

「ショービジネスは食うか食われるかの戦い。
それどころか電話さえ返してよこさない」

ウディ・アレン、〈重罪と軽罪〉

MOVIES THAT MAKE US WANT TO LOOK AND DRESS AND *FEEL* A CERTAIN WAY . . .
身も心も装いも、こうなりたいと思わせる映画

スポーティー。〈パットとマイク〉でぴったりしたパンツやミニのテニススカートをはいているキャサリン・ヘプバーンのように。

大胆。〈ジョージー・ガール〉のシャーロット・ランプリングのように。

洗練。〈終電車〉のカトリーヌ・ドヌーヴのように。

恋して。〈男と女〉のアヌーク・エーメのように。

学生っぽく。〈ある愛の詩〉のアリ・マッグローのように。

FILM DIRECTORS I ADMIRE . . .
私の尊敬する映画監督

マイク・ニコルズ

ジャック・タチ

ウディ・アレン

スパイク・ジョーンズ

ソフィア・コッポラ

ジャン＝リュック・ゴダール

ブレイク・エドワーズ

プレストン・スタージェス

フランソワ・トリュフォー

オーソン・ウェルズ

ウェス・アンダーソン

アルバート・ブルックス

P・T・アンダーソン

ビリー・ワイルダー

AND A GRATEFUL NOD TO COSTUME DESIGNERS . . .
そして、称賛すべき衣裳デザイナー

エイドリアン（〈ウィメン〉、〈フィラデルフィア物語〉）

イーディス・ヘッド（〈イヴの総て〉、〈スティング〉）

マリー・クワント（〈いつも二人で〉、〈ジョージー・ガール〉）

アイリーヌ・シャラフ（〈クレオパトラ〉）

アンナ・ヒル・ジョンストン（〈泳ぐひと〉、〈アリスのレストラン〉）

オリー＝ケリー（〈あなただけ今晩は〉、〈ジプシー〉）

カレン・パッチ（〈天才マックスの世界〉、〈ザ・ロイヤル・テネンバウムズ〉）

ユベール・ド・ジヴァンシー（〈パリの恋人〉、〈シャレード〉）

フィリス・ダルトン（〈ドクトル・ジバゴ〉、〈アラビアのロレンス〉、〈愛と死の間で〉）

ART 美術

「子どものころ、私にとって美術と言えばルロイ・ナイマンのような画家の絵画であり、アンディにとってはファラ・フォーセットのポスターでした。今、私は古い絵画や肖像画に惹かれ、一方アンディは現代写真や概念的な癖のある作品が好きです。それでも私たちは美術品をお互いにプレゼントし合うので、家の中にはいい意味での混沌があり、毎日が発見の連続です」

ARTISTS I ADMIRE . . .　私の尊敬する芸術家

初期のミルトン・エイヴリー
アーヴィング・ペン
リチャード・ディーベンコーン
グランマ・モーゼス
ジョン・カリン
ドナルド・バチェラー
エルズワース・ケリー
アンディ・ウォーホル
アグネス・マーティン
ティナ・バーニー
リサ・ユスカヴェージ
エリック・フィッシュル
ロバート・フランク
ピーター・ハリー
ラリー・サルタン
サイ・トゥオンブリー
ジャン＝ミシェル・バスキア
ソニア・ドローネー
マーク・ロスコ
パブロ・ピカソ
アレキサンダー・カルダー
ジョアン・ミロ
ウィル・コットン
リー・フリードランダー
エリオット・アーウィット
ピエト・モンドリアン
ルイーズ・ダール＝ウォルフ
ルネ・リカール
ダイアン・アーバス
ゲルハルト・リヒター
マウリツィオ・カテラン
エドワード・ホッパー
ノーマン・ロックウェル

ジョーゼフ・アルバース

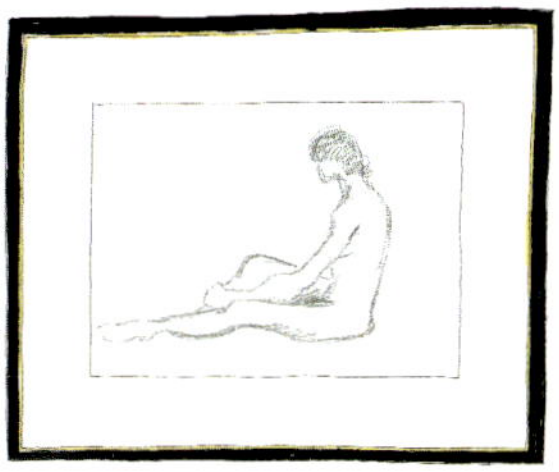

クラシックヌード

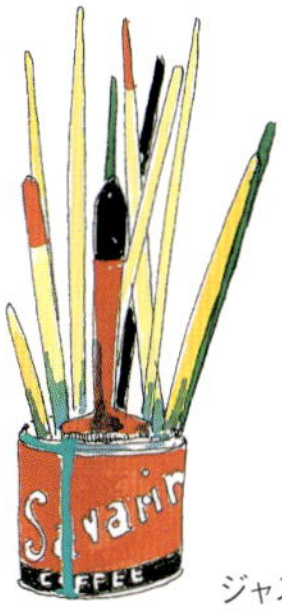

ジャスパー・ジョーンズ

イヴ・サン・ローランのモンドリアンドレスは1965年に発表されました。

アレックス・カッツの「The Black Dress」という絵には、夫人のアダが6回登場しています

DESIGN/ARCHITECTURE

デザイン／建築

「20代の頃まで、私は身の回りのものにはあまり興味がありませんでした。今では、いすや花瓶の形はもちろん、中庭の敷石のデザインさえも気にせずにはいられません。よき市民たるには、デザインに対してごく健全な敬意を抱くことが必要だと思います。とはいえ、個人的な好き嫌いはあってしかるべきだとも思っています」

PEOPLE, PLACES, THINGS
人、場所、もの

ニューイングランドの建築様式
ル・コルビュジェ
ミース・ファン・デル・ローエ
浜辺の小屋
アレキサンダー・ジラード
グラス・ハウス
バウハウス
シェーカー家具のテーブル
フェデラル様式
ティボール&マイラ・カルマン
エリエル・サーリネン
グリーン兄弟
コニーアイランドのローラーコースター
チャールズ&レイ・イームズ
ソール・バス
アイリーン・グレイ

「芸術とは語るものではなく、実践すべきものだ。
私は論評し、人に刺激と興奮を与え、
くんくん臭いを嗅ぎ回っている」

フィリップ・ジョンソン

ジャン・プルーヴェのいす
（1950年頃）

フランク・ロイド・ライトの「落水荘」

ティピー

ENDURING STYLE . . .
THE SLINKY (1943)
不朽のスタイル　スリンキー（1943年）

偶然の産物にもかかわらず時代を超えて愛され続けています。ひとりの機械技術者が机から鉄のバネを落として以来、何世代にもわたる子どもや大人たちが、この単純で無駄のないコイル状の玩具を手に載せ、不思議な伸縮と浮力の感覚を楽しんできました。

TRADITION / MODERNISM

伝統／モダニズム

「伝統を重んじる人もモダンを採り入れるのを恐れることはありません。2つの感覚を組み合わせることがおもしろいのです。融合されることによって、またとない第3の美が表現されるのです」

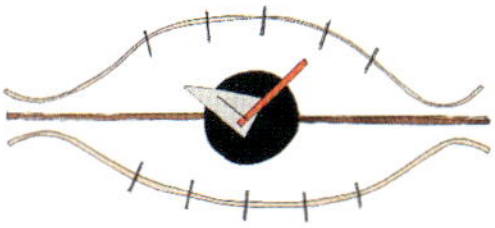

教室の時計	ジョージ・ネルソンのアイクロック
モンティチェロ	ロスコ・チャペル
ロイヤル・ウスターの磁器ボウル	アルヴァー・アアルトの波型の花器

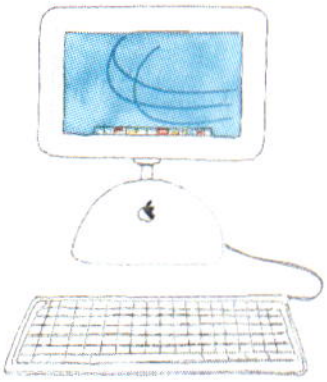

ルーブル美術館	グッゲンハイム美術館ビルバオ
タイプライター	iMac
チッペンデールチェア	アルネ・ヤコブセンのスワンチェア

イーディス・ウォートン	レイモンド・カーヴァー
花柄のサークルスカート	ジョフリー・ビーンのドレス 黒のジャージーと白の槌打ちサテン
〈カサブランカ〉	〈ゴダールの軽蔑〉
1973年型 インパラ・ステーションワゴン	1973年型BMW2002
パールのネックレス	パールのネックレス 「パールは分類できません。 着こなし次第です」
「伝統のない芸術は、羊飼いのいない羊の群だ」 ウィンストン・チャーチル	「人は生まれながらにモダンである。 モダンになるのではない」 ジャン・ボードリヤール

KATE ON STYLE: A WORK IN PROGRESS

ケイト流スタイル：現在進歩中

「自分のスタイルを決めるとき、大切なのは臆病にならないこと。スタイルは自信をもつことでもあるのです。自分なりのスタイル観をもち、肩の力を抜きましょう。シンプルな装いをマスターしたら、後はこれという一点を加えるだけでいいのです。それは例えば、靴やブローチ。心惹かれるものや、どうしても頭から離れない品を見つけ、いろいろ試してみましょう。身につけるのが待ちきれないようなものをもつべき、というのが私の確固たる持論です。人がどう思うかではなく、自分が惹きつけられるものを探しましょう」

「あなた自身のルールに従いましょう。スタイルにルールはありません」

「**ストライプ**は、思いつく限りもっとも印象の強い柄のひとつです。このリネンのコートは春夏に最適。ビーチパラソルみたいでしょ」

「少しずつですが、こういったブレスレットを集め、組み合わせて楽しんでいます。服と色が合わなくても、犬が音に驚いて吠えても、そんなのちっとも気にしません」

「ひと目惚れしたスカート。たしかトム・フォードがグッチのデザイナーとして、初めて手がけたもののひとつだと思います。これは絶対に手に入れなきゃ、と思いました。見事な鮮やかさで、とてもたっぷりとしていて。それに、オレンジが嫌いな人なんていないでしょう?」

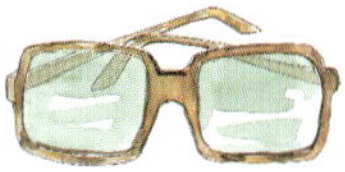

「母は**サングラス**フリークでした。ダイニングルームの家族用のタンスに自分のサングラス専用の引き出しがあったくらいです」

「靴ひもはいつしか結べるようになります。
努力すればエンジンを組み立て直すことも、
スワヒリ語をフランス語訛りで話せるようにもなります。
でも、スタイルは天性のものなのです」

アンディ・スペード

「私にはとても凝り性なところがあって、**枝編み**はそのひとつ。枝編みのものなら何でも好きと言えるくらい。いすもピクニックバスケットもハンドバッグも。このハンドバッグ、形はモダンですが、結果的に(枝編みということもあって)流行に左右されない一品です」

「9月に入ったからといって白を着てはいけないとは思いませんが、着るとなれば特別なものでなければなりません。例えば、クレージュのヴィンテージドレスのように」

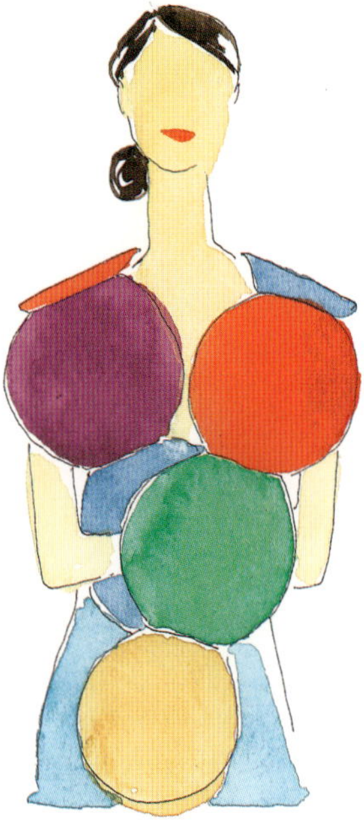

「何かと何かの中間、それが私流」

「アルパナ・バワがデザインしたものはどれも**色**が魅力的。このスカーフは大きな浮き輪がつながっているみたいです。色使いが斬新で、とても鮮やかなのが素敵です」

「ベルトのついたコートが好きです。
ドレッシーな服は
ウエストにアクセントがあると、
さらにフェミニンな印象に」

「インパクトはあるけれど、決して派手すぎないお手本のような服。私にとって、そのちがいはとても大きいのです。このジョン・アンソニーのコートは、手触りがすばらしくいいダブルフェイスサテンで、しかもリバーシブル。**からし色のヨーク**（註：襟の切替）がとにかく豪奢です」

「スタイルはお金では買えません」

アンディ・スペード

「人にはそれぞれの“ぜいたく”があります。私にとっては、何を隠そうこのドルチェ&ガッバーナのダスターコートがそのひとつ。**丈のバランス**が好きな装いにぴったりなのです。短めの袖はいつもたくさんはめているブレスレットが引き立ちますし、7分丈という長さも黒のシガレットパンツとハイヒールによく合うからです。室内でもセーター代わりにコートを羽織ることが多いので、1日中あるいは夜でもこのコートを着ていることがあります」

「妙だとお思いでしょうが、**ペンケース**をイブニングバッグ代わりに使っているのは本当です。小さくてコンパクトなデザインがちょうどいいんです」

NO ANTLERS, NOT EVER
トナカイは禁物!?

「妻が選んだ夫の服は、見ればすぐにわかります。『好きな服を着させてあげればいいのに』と思ってしまいます。アドバイスだけなら大賛成ですが、男性を着せ替えるのはどうかと思います。夫をクリスマスプレゼントのように飾り立てるのはやめるべきです。まぬけなトナカイのセーターを奥さんとお揃いで着ている男性を見ると、いささか気の毒になります。自分で選んだわけじゃないことは一目瞭然ですよね」

アンディ・スペード

「私はベーシックな服はあまり買いません。
黒いパンツを探しに行っても、
たいていスカーフやピンクの靴を買って
帰ってきてしまうのです」

「フィリップ・トレーシーがデザインしたこの帽子を何年も愛用しています。飽きがこないのは、それが“本物らしさ”を備えている証でしょう。ひとつの世界観をしっかりともった帽子です」

「手が込んだ、もったいぶった、
はにかんだ風な
かわいいスタイルは避けること」

ウィリアム・ストランク・Jr
& E・B・ホワイト

「このスカートにはチョコレート色のセーターがとてもよく合います。生地は**ヴィンテージ**ものです。デザイナーのバーバラ・トゥファンクには、ユニークな生地からモダンなシルエットを生み出す、すばらしい才能があります」

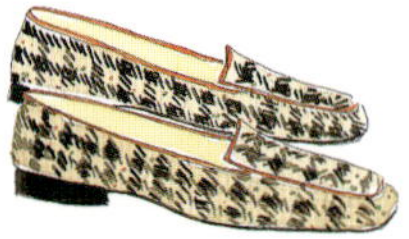

「お気に入りのローファーを持ちましょう。私の場合は**千鳥格子**のフラットシューズです。平凡になりがちなローファーが、赤のパイピングがカラーアクセントとなり個性的な靴に仕上がっています」

「掘り出しものヴィンテージのとっておきの優れもの。このシノワズリーのコートは、ベージュのストラップレスドレスとセットになっていましたが、私は黒や白のパンツといったシンプルなものと組み合わせるようにしています」

SINGULAR STYLE
非凡なスタイル

ダイアナ・ヴリーランド
「彼女にとってスタイルはとても直感的なもののようでした」

キャサリン・ヘプバーン
「ネイルを赤く塗っていたのが好きでした。それに彼女がはくと、パンツがとてもシックに見えました」

ビョーク
「何に対しても独創的なところに憧れます。大胆不敵な人」

ローレン・ハットン
「女優ローレン・ハットンには本物の風格があります。しかも努力の形跡もありません」

ベティー・パーソンズ
「第二次世界大戦直後に自分のギャラリーを開いた勇気あるすばらしい女性です。『アートニューズ』が彼女のことを『抽象表現主義のデン・マザー（註：ボーイスカウトの女性指導員の呼称）』と呼んだのもうなずけます」

「コートをドラマチックに着こなしたいときは、襟をたぐり上げてブローチで留めます」

ナチュラルな美しさと、すきっ歯をのぞかせた笑みが魅力のローレン・ハットンは、1973年にもっとも稼いだモデルでした。

「私はかかとをすっぽり包む靴はあまり好きではありません。スリングバックをストッキングなしで履いていることが多いのですが、どうもそのスタイルが気に入っているみたい。靴は軽やかで美しいもの、もしくはエレガントなものが大好きです」

THINK PINK

ピンクが幸せの象徴のように……

「ときには色づかいに創造性を発揮しましょう。何年か前の秋には、グレーのセーター、ピンクのジャケット、グリーンのスカーフに黒のパンツを合わせていました。それでもうるさくならなかったのは、ジャケットの素材がブクレだったおかげもありますが、私が言いたいのは、ソフトな色と強い色の組み合わせを恐がらないで、ということです。気分がハッピーになれることのほうが大事です」

「鮮やかな色を身につけると本当に気分がよく、きれいになった気がします。カラフルなものは好きですが、俗っぽくなるのはいただけません。ヴェラがデザインしたスカーフはどれもキュートすぎず、持っているとハッピーな気分になれます。それはボニー・カシンも同じ。彼女がつくる色や形はどれもすっきりした印象があります。鮮やかな色や模様も、使い方次第でとても洗練され、自分を強く印象づけることができるのを覚えておきたいですね」

「ピンクにオレンジをアクセントとして加えるのが好き。
ピンクと白にグリーンを加えるのもね」

VERA, THE LADYBUG LADY
ヴェラのてんとう虫

トレードマークのてんとう虫は、もともとヴェラ・ノイマンが1940年代にプレースマットに初めてシルク印刷した植物が原型となっています。今も愛され続けている色彩豊かなデザイン（花柄、幾何学、水玉、縞模様）は、田舎にあった仕事場で発想されたもので、てんとう虫はヴェラが幸運のシンボルとして考えていたものです。

ボニー・カシンのダブルニットジャージーとアボカド色のスエードドレス。1973年

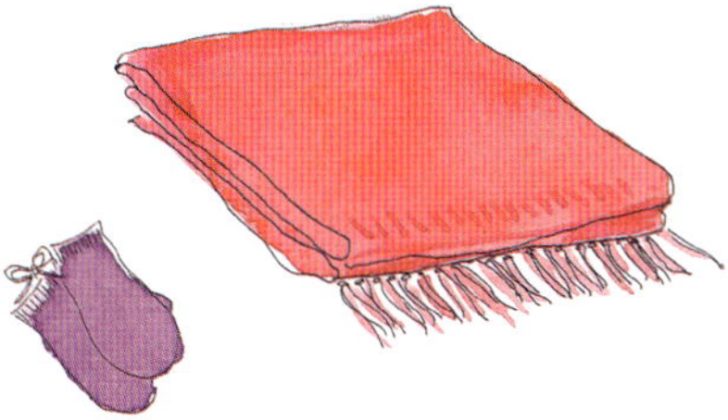

「ダイアナ・ヴリーランドのコラム『why don't you...?』のさまざまな提案を読むと、彼女が賢いアイデアをたくさんもっていたことがわかります。今でもそのユニークな発想には刺激を受けます。彼女がいなかったら、ファッションはどうなっていたかしら?」

WHY DON'T YOU . . . BY DIANA VREELAND

ダイアナ・ヴリーランドのコラムより

どんな服にもスミレ色のミトンを合わせてみましょう

旅行にはラズベリー色の小さなカシミア毛布を持って行き、ホテルや列車で体を包みましょう

トルマリンとピンクルビーを愛らしく組み合わせてみましょう

黒のチュールの蝶リボンを両手首に巻いてみましょう

色が主役のデザイン：アレキサンダー・ジラードの象徴的なロゴを用いたニューヨークのレストラン「ラ・フォンダ・デル・ソル」のメニュー。1960年頃

THE ART OF THE SELECTION　色選びのテクニック

色の誘惑ほど人を無防備にさせるものはありません。黄色がどんなに好きでも、肌がピンクよりもオリーブ色に近い人が身につけると、『注意!』と点滅するライトのようになってしまいます。明と暗（白＋黒）、暖色と寒色（スイカ色＋ネイビー）、モノクローム（チョコレートブラウン＋トープ＋白）、または混色（白＋グリーン＋ピンク＋ターコイズ）。これらの組み合わせはどれも素敵な色選びの一例です。

GREEN　グリーン

「グリーンを身につけない日なんて考えられません。私にとってグリーンは、もっともベーシックでニュートラルな色です。グリーンに白や黒、ピンクを組み合わせるのが好みですが、3色同時も素敵だと思います。とてもバランスがよいのです。グリーンの色合いによっては、言うまでもなく青との相性が抜群。なかでもケリーグリーンとターコイズの組み合わせには、思わず笑顔がこぼれます」

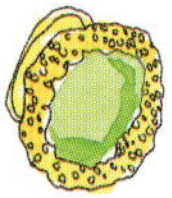

春の新緑からファン・エイクの映画〈アルノルフィニ夫婦像〉のウェディングドレスのグリーンまで、この色は新鮮さや若さ、肥沃を表します。カラースペクトルの中でもっとも安らぐ色であるグリーンは、信号機では安全を意味し、自然の静けさやカエルのカーミットの屈託のない笑みを思い起こさせます。

プールを思わせるアクアマリンとグリーンは、もっとも癒される色の組み合わせのひとつでしょう。

COMBINATIONS
お気に入りの組み合わせ

グリーン＋**アクアマリン**

グリーン＋**白**

グリーン＋**サンゴ色**

映画〈悲しみよこんにちは〉の中のエルザは、サントロペの町なかをエメラルドグリーンのドレスにサンゴ色のサッシュをしてメレンゲを踊っています。

HOW ABOUT...
例えばこんなスタイル

ぴったりしたライディングジャケットの袖口からグリーンのスエード手袋をのぞかせて。

オリーブ色の革のパンプスを履き、キャメルウールのコートを着て空港でおばさまをお出迎え。

イースターのランチには、ケリーグリーンのシルクチュニックに、宝石をあしらったテッド・ミューリングのイヤリングを合わせて。

ミューリングのイヤリングは（銀のティーストレーナーも）、アン女王のレースからヒントを得ています。

ダンスパーティーには、やわらかいフリルの付いたジャンヌ・ランヴァンのシルクタフタドレスを。1930年頃。

どこへでも履いていきたい
ウェリントンブーツ

ドクター・スースは、50語以上の言葉を使わずに本を書けるかと編集者にけしかけられ、『グリーンエッグ・アンド・ハム』を描き上げました。

PINK　ピンク

「私は、はっきりした色のピンクが好きです。もともとかわいらしい色は苦手で、ピンクとなるとなおさらです。それもあって淡いピンクは避けています。私には、濃いラズベリーピンクがいちばん似合うと思います。そして、大人の色だとも思っています」

赤と白、情熱と純真を混ぜ合わせたピンクは、いちばん女らしい色です。ロマンスの象徴であり、友情、静けさ、名誉のしるしでもあります。

HOW ABOUT . . .
例えばこんなスタイル

じめじめした4月をパッと明るくするスイカ色のレインコート。

盛大なパーティーには、ピンクのビーズをあしらったイブニングドレスを。1963年、ナショナル・ギャラリー・オブ・アートで開催されたモナリザ展のオープニングでジャッキー・オナシスが着ていました。

ヴェラのピンクのスカーフを髪に無造作に結べば、白のジーンズ、白のTシャツにぴったり。シュウイン社製1967年モデルの自転車に乗って。

映画〈パリの恋人〉の中で、ファッション誌の編集長（ダイアナ・ヴリーランドがモデル）役のケイ・トンプソンは、ピンク色の生地見本に見とれ、スタッフそして“米国のすべての女性”に向けて、「Banish black! Down to the kitchen sink, think pink!（黒は追放! 幸せいっぱいのピンクにしよう!）」と提唱しています。

パンティーだってピンクがいちばん

WOULD WE HAVE SHOCKING PINK WITHOUT SCHIAPARELLI?
ショッキングピンクがあるのは、スキャパレリのおかげ?

エルザ・スキャパレリは、色の使徒、だまし絵の女王でした。美術家や文豪との交流は有名で、その中から数多くの創造が生まれました。例えばイブニングドレスにはダリがロブスターを描き、またケープにはイラストレーターのクリスチャン・ベラールがメドゥーサを描き、そこにスパンコールが縫いつけられました。

COMBINATIONS
お気に入りの組み合わせ

ピンク＋オレンジ

ピンク＋ブラウン

ピンク＋ターコイズ

映画〈風と共に散る〉で、赤のコンバーティブルを運転しているドロシー・マローン扮する官能的な女性は、鮮やかなサンゴ色のノースリーブドレスをまとい、濃いピンクの長いスカーフを首に巻いています。

「エンジェルチークス」、「アヴァンガード」、「ブレークオブデイ」、「ピロートーク」、「ラズベリーサンデー」、「ヴォーグ」。これらはすべてアメリカ生まれのピンクシャクヤクの品種名です。

作家ジャクリーン・スーザンが、『人形の谷』の執筆に用いたタイプライターは、ホットピンクのIBM製「セレクトリック」でした。

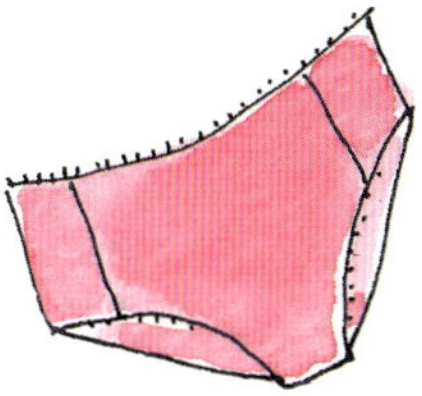

YELLOW 黄

「黄色は、アクセントとして控えめに、でも自信をもって使うべき色です。ほんのわずかでもとても効果的なので、意外性のある使い方をするのが好きです。例えば白と黒のクラッチバッグの裏地や、あるいはパイピングやトリムに使っても、この扱いにくい色が生きてくるのです」

想像上の魚、グリポアのパート・ド・ヴェール（註：ガラスの焼成法）のブローチを基にしたもの。1960年頃。

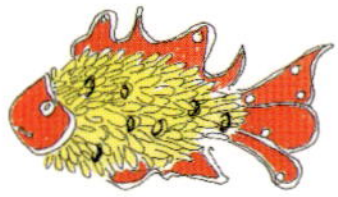

自信の色である黄色は、エネルギー、知恵、喜びを象徴しています。視認性の高さ（タクシーによく使われるように）から過剰とも言える楽観的イメージまで、黄色は注目を集める色です。

HOW ABOUT...
例えばこんなスタイル

つば広の黄色い麦わら帽子で、そばかすになりがちな鼻を太陽から守りましょう。

チャコールのピーコートを着たら、バター色のカシミアスカーフを首にぴったりと巻いて。

金色のダリアがプリントされたサークルスカートにネイビーの縄編みセーターを、雪の舞う冷たい日に。

ENDURING STYLE... THE POST-IT NOTE (1979)
不朽のスタイル　ポストイット（1979年）

比較的最近、優れたデザインの仲間入りを果たしましたが、それもごく当然のこと。はがしてまた貼れる便利さと手軽さにより、登場すると同時にヒットを約束されました。最初は淡い黄色だったポストイットも、新しい色がどんどん加わり、今ではほぼ思いつく限りの色（黒以外でしょうけれども）が揃っています。ストライプもあります。

ファーストレディ時代のジャクリーン・ケネディー・オナシスは、ホワイトハウスで行われたペルー大統領との晩餐会に、このシェ・ニノンのドレスを着て出席しました。

COMBINATIONS
お気に入りの組み合わせ

黄＋グリーン

黄＋ネイビー＋ピンク

黄＋黒＋白

映画〈ディック・トレーシー〉で同名の役に扮したウォーレン・ビーティーは、深い黄色の豪華なトレンチコートを着ています。彼の役柄の魅力と重要性を示すしるしです。

「アンディは、朗らかな黄色い ひな菊に目がありません」

100カラットを超えるイエロー・ダイヤモンドは、世界に1ダースも見つかっていません。

ピルグリム・パンプスは、1965年にロジェ・ヴィヴィエがイヴ・サン・ローランのためにデザインしたもの。

ヴァン・ゴッホ曰く、「黄色は神を魅惑する色」

ORANGE　オレンジ

「オレンジは20世紀そのものといった、ご機嫌でモダンな色です。オレンジを単色で着ることはありませんが、他の色と組み合わせるのは大好きです。強い色ですが、濃いピンクやネイビーと並ぶと、カメレオンのように七変化するから不思議です」

オレンジは、野心、創造性、魅惑の色で、強気な赤と陽気な黄色のうれしい折衷です。ホットな色は熱を呼び、欲望を連想させることもあります。

HOW ABOUT...
例えばこんなスタイル

ぴったりしたストライプTシャツに、ヘルムート・ラングのパンツとロートップの白いコンバースを合わせて。

肌の透けないタンジェリン色のタイツ、紫がかったグレーのミニ丈のドレス、それにエナメル革の黒いショートブーツ姿で映画〈時計仕掛けのオレンジ〉を観に行きましょう。

柿色のレオタードに、オレンジ、赤、ピンクのハイビスカス模様のサロンを腰に巻いて。

いくつになっても
ハロウィーンは楽しめます

「安物雑貨店でこのバッグが山のように売られているのをアンディが見つけました。デュシャンのレディメイド（註：既製の量産品をオブジェとして提示する芸術作品）をもじって、中にラベルを縫いつけ、ある年のハロウィーンにオフィスで使いました」

モロッコの伝統衣装カフタンをまとい、サンゴの小枝のイヤリングをつけてプールサイドでのんびりと。

COMBINATIONS

お気に入りの組み合わせ

オレンジ＋**ピンク**

柿色＋**ネイビー**

オレンジ＋**白**

舞台は秋の郊外。映画〈エデンより彼方に〉で、ジュリアン・ムーア扮するキャシー・ウィテカーは3人の女性とおしゃべりしています。3人ともタンジェリンや柿色など色味のちがうオレンジの服を着ていて、ジュリアン・ムーアのラヴェンダー色のシフォンスカーフだけが際立っています。

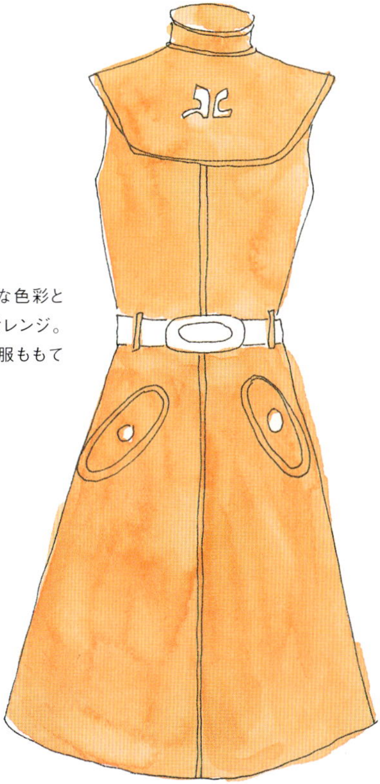

1960年代にポップな色彩として脚光を浴びたオレンジ。同じくクレージュの服ももてはやされました。

「フリルやガードル、ハイヒール、それにいつも下ろさなければならないスカートだけで
“フェミニン”を定義するのは、
鉄のコルセットやガードルと同じくらい時代遅れである」

アンドレ・クレージュ

"orange you glad to see me?（私に会えてうれしいでしょ？）"（註：orangeとaren'tの音が似ていることから）

BLUE　ブルー

「ネイビーブルーが定番カラーという人もいると思いますが、私の場合はターコイズブルーです。ターコイズは他の色ととても合わせやすいように思います。ケリーグリーン、白、または赤白なんかに合わせると本当に映えます。ターコイズとブラウンの組み合わせは文句なしに豪華で、ブルーの素材がサテンならなおさらです。ブルーの中ではもう1色、フレンチマリンブルーも昔から大好きです。セーターの中で特に気に入っているオールドネイビーブルーの縄編みのものは、絶対に手放せません」

ブルーブラッド（註：名門）、ブルーリボン、ブルーストッキング（註：読書好きの才女）など、ステータスや威厳を連想させるこの高潔な色は、歴史を通してファッションに影響を与えてきました。また空の青と言えば、古代ペルシャ人は地球が巨大なサファイヤの上に載っていて、その色が天上に反射していると信じていました。

HOW ABOUT...
例えばこんなスタイル

ネイビーと白の縞のセーラーシャツを大胆なバラのプリントスカートに合わせて。

真っ白なシャツに黒のカプリパンツ、大粒のトルコ石をつないだネックレスを合わせて。「ピアツェッティ・ウンベルト」でのランチにぴったり。

夏の暑い夜、ブルーのシアサッカーパンツに素足で、シェルターアイランド行きのフェリーに乗って。

定番のセントジェームスのボーダーシャツは、
ネイビーと赤か、ネイビーと白のストライプ

バレンシアガのブルーは、氷のような透明感のあるアクアマリンから異国情緒あふれるピーコックブルーまで多様です。1950年代に彼がデザインしたシュミーズドレスは、10年後、ノーケアのシースドレスに生まれ変わりました。

COMBINATIONS
お気に入りの組み合わせ

ターコイズ＋**タンジェリン**

ネイビー＋**スイカ色**

スカイブルー＋**トープ**

映画〈リプリー〉でグウィネス・パルトロウ扮するマージは、カットのエレガントな空色の服の上に素敵なトープのレインコートを羽織っています。

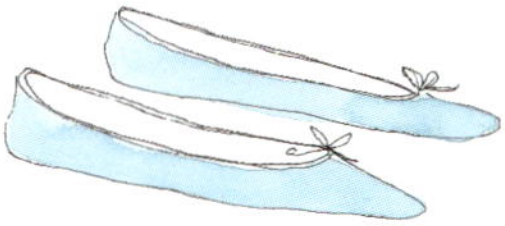

ブルーのバレリーナシューズで
夏へ踊り出ましょう。

ローリングストーンズのアルバム「スティッキーフィンガーズ」（1971年）のジャケットに使われたジーンズの写真を撮ったのは、アンディ・ウォーホルでした。

1960年、イヴ・クラインは「インターナショナル・クライン・ブルー（IKB）」という名の色の特許を取得しました •

RED 赤

「赤は怖いもの知らずの色のひとつで、その力強さには憧れを覚えます。私が好きなのは、深く濃厚な色合いです。例えば、赤い口紅を塗ると、顔に理想的な色味と輪郭を与えるポイントになります。逆に重すぎると、“見て見て”と主張しすぎてしまうので気をつけています」

赤ほど愛の謎を想起させる色はありません。愛のイメージは、もともと愛の女神ヴィーナスに由来しています。ヴィーナスの流した涙でバラが、真っ赤なバラ色になったのです。スタイルに関して言えば、赤は情熱を表します。赤い服を着た女性は、必ずと言っていいほど活力に満ち、意志が強い、強烈な魅力の持ち主です。

HOW ABOUT...
例えばこんなスタイル

消防車色のコットンのサンドレスに黒のハイヒールを合わせて、フレンチレストラン「ラウルズ」の庭でディナーを。

ゼラニウム色と白の縞のミュールで、パリのチュイルリー公園を散歩。

緋色のミトンでまん丸の雪球をつくりましょう。

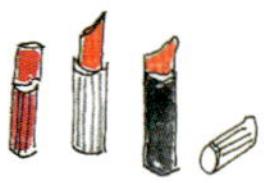

パッツィ・クラインとソフィア・ローレンとマドンナはともにルビーレッドの口紅がトレードマークです。

COMBINATIONS
お気に入りの組み合わせ

赤＋カナリアイエロー

赤＋ネイビー

サンゴ色＋ピンク

ペドロ・アルモドヴァル監督の映画〈オール・アバウト・マイ・マザー〉でペネロペ・クルス扮する修道女ロサは、鮮やかな赤のコートを羽織り、ピンクのスカーフを頭にかぶっています。

"SOUP, BEAUTIFUL SOUP!"
「スープ、美しいスープ!」

初めは何の変哲もないスープでした。やがて1960年代、ウォーホルの描いたキャンベルスープの絵が静物に対する伝統的概念を覆しました。彼がデザインした襟ぐりの大きな"スープ・ドレス"も、お馴染みの赤と白のスープラベルを使ってアメリカの伝統的な柄である赤と白のギンガムチェックを真似たものでした。

エリザベス2世は、女王戴冠式で着る服をつくるためにロンドン中の真紅のシルクを買い占めました。

美しい流線型のメルセデスは、この車の最初の購入者の娘、メルセデス・イェリネクにちなんで名付けられました。

BROWN ブラウン

「パートナーを欲しがる色です。私はピンクや濃いオレンジとの組み合わせが好きです。また、コーンフラワーブルー（註：矢車菊のような濃く鮮明な青）と合わせるととてもエレガントになります」

男性的な色に思われがちなブラウンは、たしかにお父さんやおじいさん（マホガニーの机や革製のひげ剃り道具）を連想させますが、ブラウンがもっとも引き立つのは冬の女性の装いです。ツイード、ヘリンボーン、ギャバジンからコーデュロイやキャメルウールまで、茶系の温かな素材はクラシックであり実用的でもあります。それを着こなす女性たちと同じです。

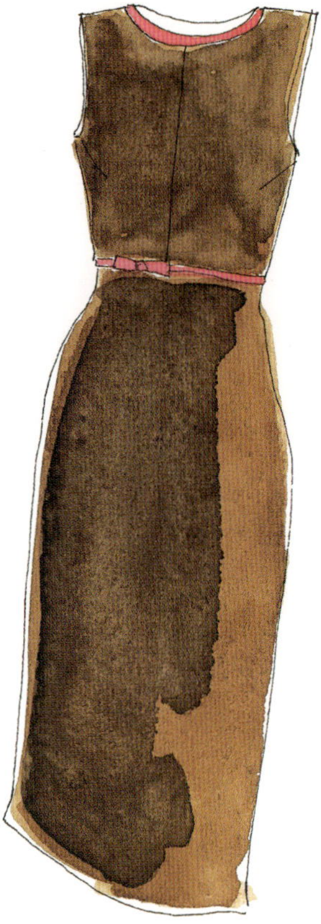

COMBINATIONS
お気に入りの組み合わせ

モカ＋ピンク

トープ＋チョコレートブラウン

＋コーンフラワー

ブラウン＋黒＋白

映画〈泳ぐひと〉で、バート・ランカスターに言い寄る女性のひとりは、チョコレートブラウンのVネックのセーターと威圧的な茶と白のハーレクイン風ホステスガウンを着て、プールサイドのカクテルパーティーに現れます。

L.L.ビーンのラバーブーツは、アウトドア派や都会派プレッピーの必需品。

BEFORE YOU WERE A GIRL SCOUT, PERHAPS YOU WERE A BROWNIE . . .

ガールスカウトになる前は、誰もがブラウニーだったのでは

ある年代のほとんどの女の子にとって、明るいオレンジ色のネクタイを結んだブラウニーの制服が最初に着た茶色の服でした。ブラウニーはガールスカウトのジュニア版ですが、その名称と主旨はジュリアナ・ホレイシア・ユーイングの本『ブラウニー物語』（1886年）に由来しています。

HOW ABOUT . . .

例えばこんなスタイル

モカ色のシルクシャルムーズ生地を使ったシースドレスを着てバレエ鑑賞。ケネス・ジェイ・レインのピンク、アンバー、マルチストーンのカクテルリングで輝きを添えて。とっておきの夜に。

とにかくツイードを。サンゴ色とラズベリー色をちりばめたエスプレッソ色のツイードブレザー。ウエストを革のブライダルベルトでキュッと締め、賢い女を演じましょう。

アメジスト色のクロコダイルでトリミングした深いチョコレート色の揃い革鞄。異国情緒あふれる旅に。

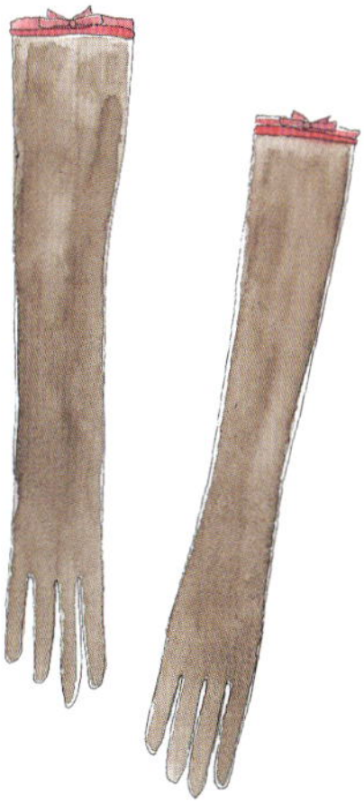

黒の代わりにチョコレートブラウンの手袋でひじまで包んで。

「ディープブラウンとカナリアイエローのコンビが大好き」

WHATEVER IT TAKES . . .

そこまでして…

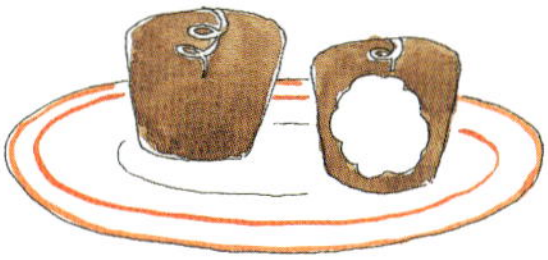

1977年、ピッツバーグ大学の美術史教授がダダイズムとポップアートを詩ったビジュアル叙情詩として、4万5600個の「ホステスカップケーキ」を積み重ねてピラミッドをつくりました。古代エジプトのピラミッドとウォーホルのスープ缶のように、異なる時代の芸術を結びつけようとした彼なりの試みでした。

BLACK 黒

「黒服の男性よりも、黒服の女性のほうがずっと洗練されていると思います。ただしジョニー・キャッシュだけは例外で、黒がすばらしく似合っていました。ニューヨークにいると黒を着すぎるきらいがありますが、やはり黒はドレスアップするときのためにとっておくのが効果的だと思います」

「シャネルの黒のプルオーバーとパールの10連ネックレスは
ファッションに革命を起こした」

クリスチャン・ディオール

黒は色の不在だと言われ、空虚、喪失、アナーキー、哀悼などたくさんの意味をもっています。昔からネガティブなイメージがあるにもかかわらず、魅惑的でミステリアスな面や、ルノワールが“色の女王”と呼んだように唯一無二のエレガンスを備えていることも否定できません。

HOW ABOUT...

例えばこんなスタイル

夜のお出かけの必需品──『チェリー・イン・ザ・スノー』という名の赤い口紅、鍵、100ドル札1枚──をゼブラ柄のバッグに入れてダウンタウンへ繰り出しましょう。

マーティン・グラントの黒いポプリンのレインコート。襟の折り返しに虫のブローチをつけて。ボトムには黒のシガレットパンツ、インナーは気にせず1日中コートを羽織っていましょう。

オペラの夕べには、オーストリッチの羽で縁取りした手首までの短い墨色の手袋をして。

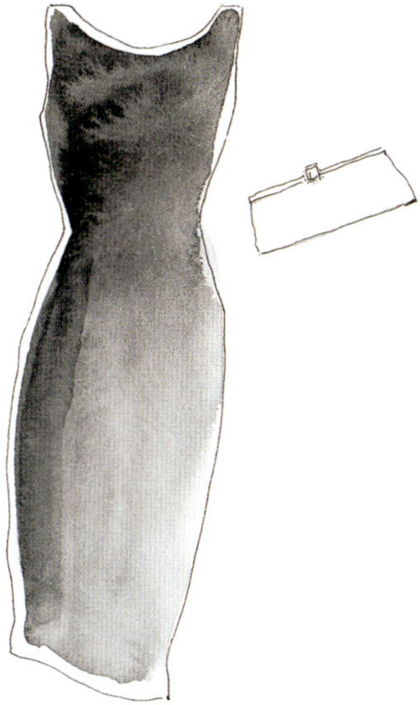

「白い革で輪郭をつけたウールの黒いドレスを着て、白のクラッチバッグを持つのがシック。さらに白黒がメインカラーのツイードジャケットを羽織ってアクセントにしてはいかがでしょう」

COMBINATIONS
お気に入りの組み合わせ

黒＋白

黒＋グリーン

黒＋ターコイズ

大物スターたちが共演した1963年のドタバタ映画〈予期せぬ出来事〉で、エルザ・マルティネリ演じる女性が、象徴的な黒のケープを羽織ってヒースロー空港に威勢よく入ってきます。彼女がケープをひるがえすと、裏地の大胆な白黒ストライプがあらわになります。

ENDURING STYLE . . . THE LITTLE BLACK DRESS
不朽のスタイル　リトルブラックドレス

1926年、ココ・シャネルのおかげでブラックドレスはファッションの主役へとたちのぼりました。時代は飛び、1950年代（禁酒法時代が終わり、60年代終わりに何が待ち受けているのか誰も想像できなかったころ）に入ると、カクテルパーティーが盛んになり、リトルブラックドレスが再びブームに。丈がだいぶ短くなり、ぐっとフェミニンになりました。21世紀の今でも、黒一色のこのドレスはおしゃれな人たちの間で人気のアイテムです。

FILM NOIR — THEN AND ALWAYS
フィルム・ノワール――かつても、これからも

〈第三の男〉、〈湖中の女〉、〈さらば愛しき女よ〉、〈甘い毒〉、〈深夜の告白〉、〈セクシー・ビースト〉、〈ファム・ファタール〉、〈L.A.コンフィデンシャル〉、〈ダイヤルMを廻せ!〉、〈トワイライト〉、〈レッドロック 裏切りの銃弾〉

WHITE 白

「白を着るときは慎重に、そして趣向を凝らしましょう。私は白で色を分割するような使い方が好きです。白はメインの色もしくは二次的な色と合わせてめりはりをつける、というのが私の考えです」

白は純粋、停戦、処女、天国の色です。白には、冬の白（雪のかけらやエッグノッグ）と、春夏の白（テッポウユリや白い砂）とがあります。花嫁や社交界にデビューする人、看護婦など白を着た女性からは純真や美徳を連想しますが、マリリン・モンローの“恥じらい”にかなう人はいません。

1927年、テニスチャンピオンのルネ・ラコステは、アメリカのマスコミから“アリゲーター”の異名を授かりました。数年後、ラコステはパートナーとともに、小さなワニをつけたコットンピケのシャツをつくりました。もちろん白のテニスシャツです。

COMBINATIONS
お気に入りの組み合わせ

白＋黒

白＋ケリーグリーン

白＋グリーン＋ピンク＋ターコイズ

映画の中の白のエレガンス：
〈陽の当たる場所〉でエリザベス・テーラーが着ていたストラップレスドレス。〈パリの恋人〉でオードリー・ヘプバーンが着ていたウェディングガウン。そして、〈7年目の浮気〉でマリリン・モンローが着ていたホールタードレスは忘れられません。

MUSICAL SHADES OF WHITE
白の調べ

ビートルズ「ホワイト・アルバム」、ビング・クロスビー「ホワイト・クリスマス」、ジェフ・バックリィ「ミステリー・ホワイト・ボーイ」、デイヴィッド・グレー「ホワイト・ラダー」、ロイ・オービソン「ブラック＆ホワイト・ナイト」、ヴェルヴェット・アンダーグラウンド「ホワイト・ライト／ホワイト・ヒート」、ホワイト・ストライプスの曲すべて。

LITERARY SHADES OF WHITE
白の文学

ウィルキー・コリンズ著
『白衣の女』

ジャネット・フィッチ著
『扉』

グリム兄弟著
『白雪姫と7人の小人』

ゼイディー・スミス著
『ホワイト・ティース』

D・M・トマス著
『ホワイト・ホテル』

ジョアン・ディディオン著
『ホワイト・アルバム』

E・B・ホワイト著
『エッセイ・オブ・E・B・ホワイト』

HOW ABOUT . . .
例えばこんなスタイル

白の大胆なサングラスをかけ、折りたたんだ白とグリーンの縞のスカーフをおでこできっちり結んで、全米オープンテニスでの午後のひとときを。

夏のホームパーティーのホステス役にふさわしいさわやかな着こなしは、白のリネンのノースリーブブラウスに、ゆるく結び目をつくった真珠のロングネックレス。ボトムにはフレンチマリンブルーのカプリパンツを素足で。

全身白で。だってお天気がいいんですもの。

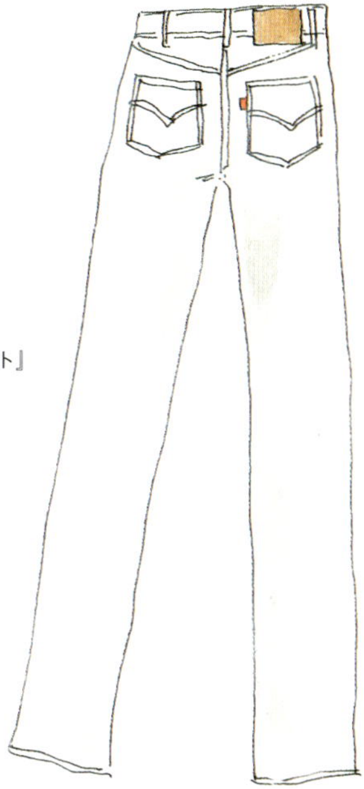

ストライプのTシャツ、重量感のあるフィッシャーマンセーター、ぴったりしたタンクトップ。どれも白のリーバイスとの相性は抜群です。

ENDURING STYLE . . . THE BARCELONA CHAIR (1929)
不朽のスタイル　バルセロナチェア（1929年）

もともと王室（1929年の国際バルセロナ万博で、スペイン国王アルフォンソ13世と王妃）のためにデザインされたバルセロナチェアは、以来、優れたモダンデザインの象徴として愛され続けています。建築家ルードヴィッヒ・ミース・ファン・デル・ローエによる白のレザーとスチール脚の心憎い組み合わせは、ぜいたくと機能性を見事に両立させるものでした。

ウィルソン・「スノーフレーク」・ベントレーは、5000以上もの雪の結晶を撮影しました

PATTERN CRAZY

パターン・クレイジー

「ストライプと花柄というように、ちがう模様同士を組み合わせるのが何よりも好きです。例えば昔から大好きなツイードには、はっきりした色を組み合わせているのですが、実にすばらしくよく合うのです。こういう意外な結果をとてもおもしろいと感じます」

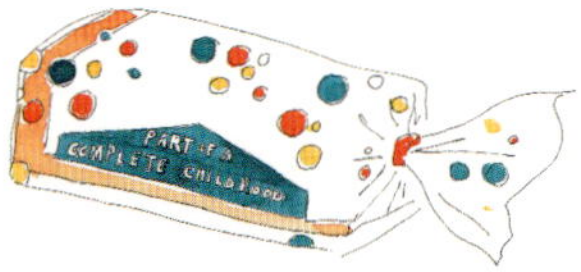

模様は、実によく計算されています。ストライプは幅や本数次第でおしゃれにもつまらなくもなります。食料品店をのぞいてみましょう。「ワンダー」という商品名とカラフルな水玉模様のにぎやかな袋を見つけたら、子どもたちはこのふかふかの食パンを抱きしめずにはいられないでしょう。

「私はリリー・ピューリッツァーに刺激されて強気な色づかいをするようになりました。タツノオトシゴや貝のモティーフなど、彼女の服はパームビーチを思わせるものばかり。他にもポール・スミスのようにとてもモダンで素敵なプリントをつくる人もいます。彼の服はエネルギーとユーモアに満ちていますが、決して滑稽にはなりません」

POLKA DOTS . . .
水玉模様と言えば…

紙片にのせたドロップ

てんとう虫（0～20星）

ダルメシアン

サイコロ（1目以上、12目以下）

スイスモスリン

スペクテーターシューズ

豹（「肌に染みついたものは決して変えられません」）

ドミノ

「ワンダーブレッド」のパッケージ（水玉201個、小型食パン）

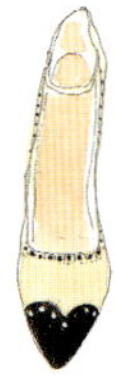

NOT FOR SPECTATORS ONLY
もともとはスポーツ観戦用

黒とベージュ、黒と白、茶と白。息の長いスペクテーターシューズの定番カラーです。もっともベーシックなツートンのオックスフォードには、つま先とかかとに黒または茶のレザー、そしてたいてい穴飾りがあります。この小さな穴がスペクテーターの魅力です。

HUNGRY FOR STRIPES
ストライプにそそられて

「数ヵ月前のある晩、家に帰り、寝室のクローゼットを開けると、私のスポーツジャケットに虫が食った跡があった。犯人は今にも吐きそうな状態で床に横たわっていた。やられたのはイエローとグリーンのストライプのジャケット。肥えた虫が苦しげに横たわり、口からは袖の一部がはみ出していた。私は茶色の無地の靴下を2枚与えてこう言ってやったさ。『ひとつは今、残りは30分後に食べなさい』とね」

ウディ・アレン、「独白」より

バレル・チェアとルイ16世様式のいすの張り地は、どちらも時代を超越したデーヴィッド・ヒックスのスタイルを彷彿とさせる模様。

STRIPES IN THE WORLD...
世界中のストライプ

星条旗

シマウマ

ラガーシャツ

床屋のサイン

ステッキキャンディー

ホックニーの縞

ブレトンセーター

プアボーイシャツ（註：体にぴったりしたプルオーバーシャツ）

横断歩道

白と黒の縞のもの、すべて

マルハナバチ

STRIPES IN THE CLOSET...
クローゼットの中のストライプ

バヤデール、ブレザー、チョーク、コーデュロイ、ジプシー、横、マリン、ペンシル、ピンストライプ、レジメンタル、ローマン、サテン、シアサッカー、シャドー、ティッキング、縦

ミッソーニの縞のセーター。イタリア語で言うと、"un golf a righe di Missoni"

ACHIEVING YOUR STYLE AND LETTING GO OF STYLE

自分らしいスタイルを身につけ、スタイルを手放す方法

「私は10代の頃でさえ流行には従いませんでした。それどころか、髪から靴に至るまで何年も同じような格好をしていました（1974年から77年にかけてだけは、とてつもなく恥ずかしい髪型でしたが）。5人姉妹の中で育ったせいか、個性を磨くことが何より重要でした。過去のファッションには目を向けますが、流行を過ぎたものはやはり古いのです。私が求めているのは冷たい感じのしないモダンであり、凝りすぎていないフェミニンです。少なくとも自分にはそれが似合っていると思います。それに、買い物をするときは、"気に入った物を買う"という大原則に従っています」

BEING YOUR OWN STYLE GURU . . .
スタイルのお手本はあなた自身

クローゼットを見渡してみましょう。どんなアイテムが多いですか？ お気に入りは？幸せな気分にしてくれるものを探しましょう。

鏡を見ましょう。背丈も体型も髪や肌の色も、すべてが大事です。長所を強調しましょう（足首の細い人はカプリパンツを）。

リスク許容度。自分に自信がもてる服、最高に満足できる着こなしを見つけましょう。ただし、やりすぎないこと。すぎたるは及ばざるがごとし……です。

ベーシックがいちばん。スマートな靴や形のきれいなコートは（それにジーンズも）、いつ着ても素敵ですし、長く使うことができます。「流行に投資する」とは、矛盾した言葉。長い目で考えましょう。

普段のあなたらしく。1日の過ごし方に合った服を着ましょう。持っている服にはどんどんはたらいてもらって。クローゼットから出ない服は居候です。

6号と言っても皆同じではありません。自分の体型にぴったり合うデザイナーの服を見つけ、ひいきにしましょう。

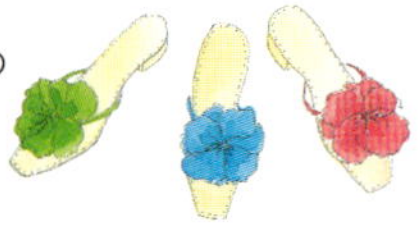

増やしてよりおしゃれに。気に入った靴やTシャツは、同じものや色ちがいのものも揃えましょう。

意のままに。臆せず、どんどん冒険しましょう。

「自分をきれいだと思うことができれば、わざわざ着飾る必要はなくなる」

アンディ・ウォーホル

STYLE AND THE WORLD

「ピーターパンカラー＞ビスチェ」

「私のアドバイスはいたって簡単。それは臨機応変に、ということ。私はひとつのスタイルに固執しません。何かを買うときは、それが好きだから、という以外に理由はありません」

STYLE AS GESTURE, STYLE AS PERSONAL SIGNATURE
ジェスチャーとしてのスタイル、トレードマークとしてのスタイル

ベーブ・ペイリーは、NYにあるフレンチレストランの老舗「ラ・グルヌイユ」にランチに出かけたとき、ハンドバッグにスカーフを結んでいました。すると、それがたちまち新しいファッションになりました。キャサリン・ヘプバーンは、スクリーンの中でも外でも、いつも襟を立てていました（同じくダイアン・キートンも）。ペネロープ・トゥリーは、超ミニ丈のスカートをはいていました。ビョークは白鳥がお気に入り（註：アカデミー賞の授賞式で白鳥のドレスを着て話題に）。フラン・レボウィッツは、クローゼットいっぱいのボタンダウンシャツを持っています。

「同じことがイケてる場合も、イケてない場合もある。
それは誰がやるかによる」

ロバート・ベントン、ハーヴェイ・シュミット共著
『イン・アンド・アウト・ブック』

白いTシャツの小王国を築いている人も、柄物フリークの人も、本物のスタイル、つまり自分らしいスタイルを身につけるためのひとつの鍵は、いちばん自分らしさを感じられるものは何かを知ることです。スタイルは雑誌を見て発見するものでも、親友と同じ格好をして見つけられるものでもありません（真似される親友も快く思わないのでは）。独自のスタイルを確実に手に入れる方法は、直観を信じること。自分のテイストを思いきり前面に出すことです。

「本当に気品のある装いをする人は、たいてい心も立派な人です」

「美に関してもっとも重要なことは、
想像力をはたらかせる余地を
残しておくことです」

偉大なファッションデザイナー、ヴィオネの立体裁断やバイアス裁ちは、今でもオートクチュールのスタンダードです。彼女も彼女のつくる服も、口を揃えてこう主張していました。「女性が微笑んだら、ドレスもいっしょに微笑んでいるようでなければなりません」

「スタイルは、まさに不完全でなければなりません」
アンディ・スペード

裾がほつれストッキングも破れ
ブラのひもがはみ出し
チャックが上がらない

ストライプに水玉か大胆な花柄を合わせ
緋色のマリメッコか
インド更紗に全身を包む
キュロットをはいているのはまさか私?
ロシア人のボロ服を着ているのは?
私は本当にポンチョを買ったのかしら?
フリッタータみたいに見えるというのに?

ノラ・エフロン、『My Nightmare（私の悪夢）』より

POSTURE 姿勢

スタイルの第一歩は立ち居振る舞い。歩き方や立ち方、座り方が外見の印象を決めます。胸を張って歩いていますか? 前屈みになっていませんか? 背が低いとか、高すぎるとかとスタイルは関係ありません。背筋を伸ばし、堂々とスマートに構えていなければ、人も服も決しておしゃれには見えないのです。

PERFECT POSTURE 正しい姿勢

全身が映る鏡の前に立ちます。

ひざをわずかに外に向け、足を肩幅程度に開きます。お腹を引っ込め、お尻をきゅっと締めます。

肩の力を抜き、背筋をまっすぐ伸ばします。そうすると自然に胸を張る姿勢になります。

頭を背筋のラインに沿わせ、あごを床に平行になるように上げます。

あとは……深・呼・吸

「しっぽを引っ込め、腹をへこませて」とは、軍隊の「気をつけ」の姿勢

SECTION TWO

Style, Start to Finish

スタイル、基礎から仕上げまで

日常のスタイル ・ 仕事のスタイル

遊びのスタイル ・ パーティースタイル ・ 小物のスタイル

季節ごとのスタイル ・ 旅のスタイル

EVERYDAY STYLE

日常のスタイル

「ほとんど毎日スカートにハイヒール、そして髪は後ろでひとつにまとめています。ジュエリーで遊ぶのが好きなので、大きなイヤリングにたくさんのブレスレットを付けたり、小さなイヤリングに大きめのネックレスを組み合わせたり。"着飾らない"ときは、1日中コートを着ています。それほどコートが大好きで、特に屋内外を問わず着られるものに目がありません。急いでいるときは、シンプルなスカートとセーターの上からお気に入りの小さなトレンチコートを羽織るだけ。コートで全身をくるみ、1日中着たままで過ごすのです」

MTWTFSS
月火水木金土日

目覚ましが鳴り、犬が吠え、クローゼットが誘いかける……毎日、これが驚くほど規則正しく繰り返されるのです。日々のスタイリングは、顔を洗うようになんなくこなせて満足のいく自然反射的な行為でなければなりません。

FIT フィットしていますか?

ジャケットなどの襟は首の後ろに心地よく沿っていること。

長袖は、腕を垂らしたときにちょうど手首の骨のすぐ下までの長さであること。

ジャケットのブレスレットスリーブは、袖口が手首の骨からたっぷり1インチ(約2.54センチ)上で止まること。

靴はかかとがはみ出さないこと。ミュール、スリングバック、フリップフラップ、いずれも同じ。

ヒップやバストを測るときは、いちばん幅のあるところを測ること。

肩の合わせ目は、肩の稜線にきちんと沿っていること。

スカートの裾のラインはぐるり1周まっすぐで、床と平行であること。

FORM 体型

「女性の体型は大別すると、アルファベットの“I”か“O”、または無数に存在するその中間段階のいずれか。“I”の人にはファッション上の悩みはほとんどありませんが、“O”の人には山ほどあります」

ジュヌヴィエーヴ・アントワーヌ・ダリオー
（註：『エレガンスの事典』などスタイルに関する著書で知られる）

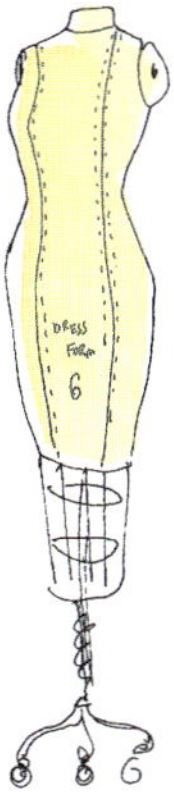

CLOSING THE GAP IN THE 20TH CENTURY . . .
20世紀のすき間の閉じ方
～ジッパーの変遷

1920年代 —— スリップオン、頭からかぶる

1930年代 —— サイドスナップ

1940年代 —— メタルサイドジッパー

1950年代 —— バックまたはサイドメタルジッパー

1960年代 —— ナイロンジッパー

1970年代以降 —— 一様にナイロンジッパーを使用

KEEP IN MIND . . .
覚えておいて

ぴったりフィット、でもきちきちは厳禁！　（むりやり体を押しこんでも、体のラインもあなた自身も魅力的には見えません）

胸の谷間は無理につくらないほうが無難です。

服を買ったり直したりするときは、その服に合った下着を付けて試着し、見苦しいパンティーラインやシワが出ないかどうかチェックします。

SIZE CHART サイズ表

	X-SMALL 0	X-SMALL 2	SMALL 4	SMALL 6	MEDIUM 8	MEDIUM 10	LARGE 12	LARGE 14
BUST バスト	32"	32 1/2"	33 1/2"	34 1/2"	35 1/2"	36 1/2"	38"	39 1/2"
WAIST ウエスト	24"	24 1/2"	25 1/2"	26 1/2"	27 1/2"	28 1/2"	30 1/2"	31 1/2"
HIP ヒップ	34 1/2"	35"	36"	37"	38"	39"	40 1/2"	42"
BELT ベルト	24–28"		28–30"		30–32"		32–36"	

（註：表内の単位はインチ。1インチ=約2.54センチ）

IN THE OFFICE

仕事のスタイル

「実を言うと、私は会社にいる日もオフの日も、それほど服装に差がありません。ただ、お天気やその日のミーティング（あるいは、ずる休みをして美術館へ出かける）の予定に合わせて色や服装を決めることはあります」

仕事のスタイルとは、勤務先や自分の役割に応じた着こなしをすることです。服装に関する社則があるなら、その条件の中で自分のスタイルを採り入れるべき。クライアントや顧客と会うことが多い人は、見た目で判断されることを頭に入れておきましょう。きちんとした身なりをしていれば叱責を受けることは決してありません。

オフィス家具にもスタイルがあります。特にノールのいすには。

CASUAL FRIDAY　カジュアルフライデー

「カジュアルフライデーに賛同すべきなのでしょうが、本当を言うとばかげている気がします。仕事にふさわしい服装はひとつしかないわけではありません。とはいえ、スタッフがショートパンツやスニーカーで出社してくるのを見ると、『おはよう』を言う前から『お先に失礼』と言われているようにしか思えません」

「小さな自家用機に乗っているときは、たいていゆったりめのスカートとスポーツウェアを着て、ぴったりした帽子をかぶっています」

アメリア・イアハート

（註：女性で初めて大西洋単独横断飛行に成功したアメリカ人飛行士）

STYLE + WORK = POISE
スタイル＋仕事＝身のこなし

職種を考えましょう。会社勤めの人も、ファッションや不動産に携わる人も、職業意識や役割意識をしっかりもっていれば、どのような服装をすべきかがわかるはずです。

土地柄も関係します。小さな町か大都市か、田舎か都会かも服装を決めるときの判断基準になります。

着ているものではなく、仕事で注目を浴びましょう。服装もコミュニケーションのひとつの形ではありますが、同僚やボスには能力をアピールするのがいちばんです。

慎重すぎるほうが度を超すよりましです。どんなにタトゥーやピアスの数が自慢でも、職場では体のマークを隠し、ピアスは1組つまり片方の耳たぶにひとつずつにしておきましょう。

職場では、ジム通いで引き締まった体よりも態度が肝心。いくらお腹がぺったんこでも人に見せてはいけません。

青い髪、紫の髪、赤すぎる茶髪、建築物のように尖った髪はアフターファイブにとっておくのが賢明です。

周囲に目を配りましょう。口にされる以上に多くの、暗黙のルールがあるはず。

講演やプレゼンテーションを行うときは、色のある服を選び、背景に埋もれないようにしましょう。ぼやけた印象を与えないように。

人がそうだからと言って自分も同じにしてよいとは限りません。ボスの服装がオフィスの常識を逸脱していたとしても、真似をしないこと。（少なくとも、自分がボスになってルールを決められるようになるまでは！）

何よりも自信をもちましょう。職場では立ち居振る舞いはとても大切です。頼れるイメージは服装からです。

「プロフェッショナルでありながら、
近づきやすい着こなしが
私のポリシー」

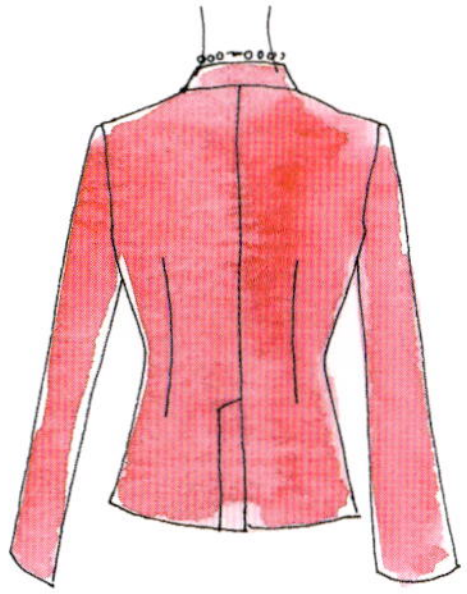

AT PLAY

遊びのスタイル

「初めて会ったとき、アンディがスポーツマンなのはすぐわかりました。いつも自転車に乗っているか、サーフィンをしているか、新しいスケートボードに挑戦しているかでしたから。私は彼とは正反対ですが、当時は25キロものサイクリングが楽しくて仕方がないふりをしていました。ありがたいことに、それももう昔の話です」

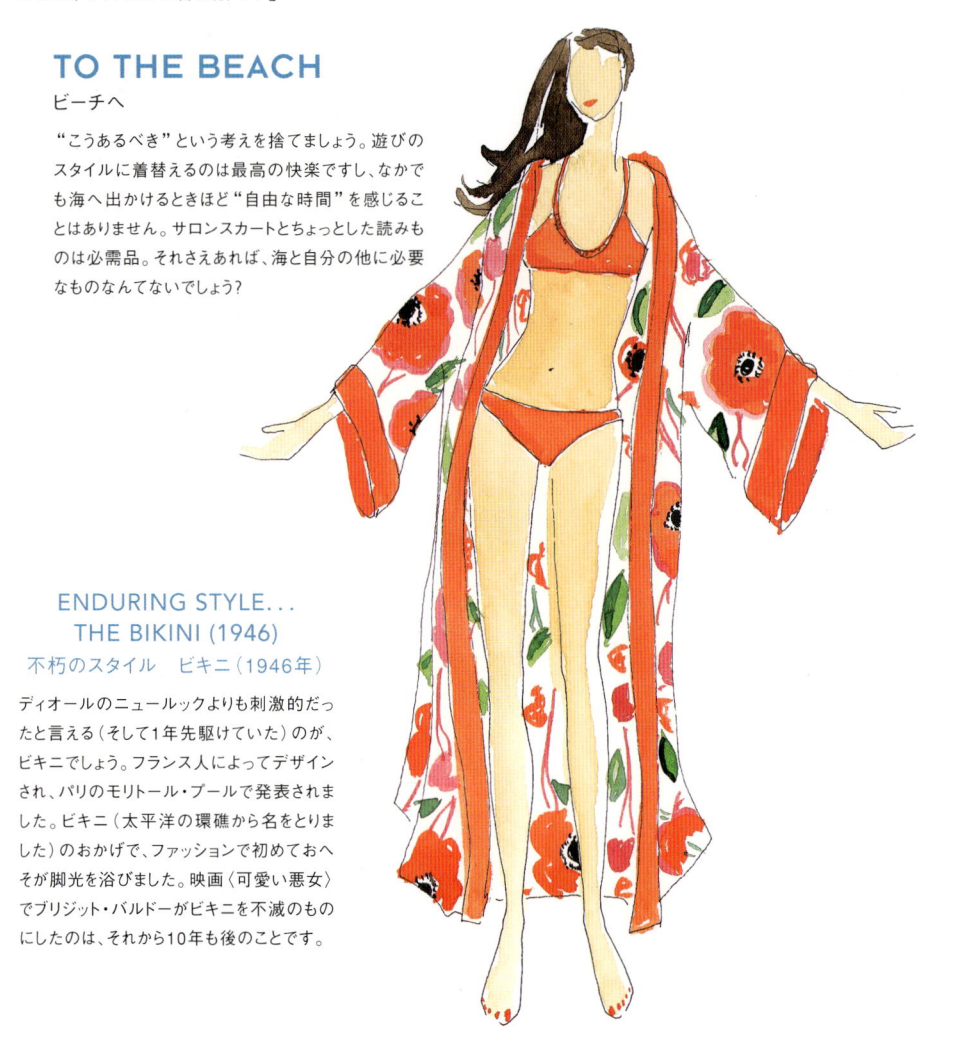

TO THE BEACH

ビーチへ

“こうあるべき”という考えを捨てましょう。遊びのスタイルに着替えるのは最高の快楽ですし、なかでも海へ出かけるときほど“自由な時間”を感じることはありません。サロンスカートとちょっとした読みものは必需品。それさえあれば、海と自分の他に必要なものなんてないでしょう?

ENDURING STYLE... THE BIKINI (1946)

不朽のスタイル　ビキニ（1946年）

ディオールのニュールックよりも刺激的だったと言える（そして1年先駆けていた）のが、ビキニでしょう。フランス人によってデザインされ、パリのモリトール・プールで発表されました。ビキニ（太平洋の環礁から名をとりました）のおかげで、ファッションで初めておへそが脚光を浴びました。映画〈可愛い悪女〉でブリジット・バルドーがビキニを不滅のものにしたのは、それから10年も後のことです。

A DAY AT THE BEACH...
ビーチで過ごす1日

サロンスカート

フリップ・フラップ

水

アイスティー入り魔法瓶

フルーツ、ポテトチップス、ナプキン

大きめのセーターとカーキパンツ
（夕暮れのドリンクタイムに）

ビーチパラソル

ビーチチェア

ポータブルCDプレーヤー

雑誌数冊と本1冊

カディマ（ちょっとした運動に最適）

使い捨てカメラ

ビーチカイト

もちろん、バッグ！

サングラス

大きな帽子

日焼け止めローション、リップバーム
（日差しのブロックは厳重に）

髪のウェーブと海のウェーブ、
どっちのほうが大きいかしら？

1960年、アメリカではブライアン・ハイランドの「ビキニスタイルのお嬢さん」がレコード売上チャート1位になりました。

映画〈泥棒成金〉で、ケーリー・グラントがいっしょに泳ぎに行こうとグレース・ケリーの泊まっているホテルに迎えに行くと、ロビーに現れた彼女は黒のノースリーブから肩を出し、Aラインを強調した白いスカート姿で、まるで渦巻のようです。スカートとのバランスが絶妙なつばの広い白い帽子をかぶった様子は、建築美そのものです。

「身につけるのは笑顔とジャンセンだけ」は、同水着メーカーの1960年代の人気広告でした・63

IN THE NEIGHBORHOOD

近所でのスタイル

自転車に乗って出かけたり、花を摘んで飾ったり……
へとへとになるまで目一杯楽しみましょう。ハンモックで居眠りをしても水ぶくれになったりはしません。

MUSIC FOR THE BACKYARD . . .
裏庭で聴く音楽

モスキートス『モスキートス』

ジョニ・ミッチェル『夏草の誘い』

ベス・オートン『トレイラー・パーク』

楽しみ：水泳、サイクリング、おしゃべり、日光浴、昼寝、バーベキュー、テニス、バスケットボール、ビリヤード、犬のブラッシング

" TAKE A SCHWINN-BUILT VACATION! "
「シュウィンな休暇をとろう!」（1940年の広告）

1934年、シカゴで開催された「進歩の世紀博覧会」で、アーノルド・シュウィン&カンパニーの「ストリームライン・エアロサイクル」がデビューすると、この自転車がアメリカの町中や裏通りを旅した話題が見出しを飾りました。近代的デザイン（クロムを多用！　色が豊富！　頑丈なフレーム！）で低価格なエアロサイクルは、たちまちアメリカの隅々まで浸透し、今では子どもたちもロードに出られるほどです。シュウィンの自転車は、当時も今もすべて生涯保証です。

「自転車は、世界中の何よりも女性の解放に貢献しました」

スーザン・B・アンソニー、1896年
（註：女性解放運動家）

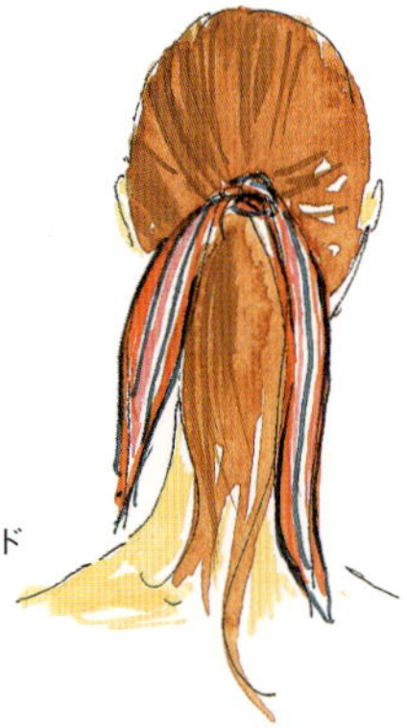

髪が顔にかかるのを防ぐ方法。大きな麦わら帽子にたくし込んだり、バンダナをヘッドバンド風に巻いたり、ゆるいポニーテールにして縞のグログランのリボンで結んだり。

AT THE CABIN
山でのスタイル

特にハイキングが好きじゃなくても、週末を山のロッジで過ごすのはいいものです。
おいしい空気を堪能しましょう。ボリュームたっぷりのカントリー風朝食をいただき、夜は星を数えましょう。

ENDURING STYLE...
NAVY PEACOAT (1886)
不朽のスタイル　ピーコート（1886年）

軍服らしいシンメトリー、粗いウール、そしてトレードマークのボタンが特徴のピーコートは、もともと下士官兵たちを悪天候から守るためのものでした。やがてファッションの定番となると同時に、アレン・ギンズバーグやボブ・ディランのように60年代の反体制文化のシンボルとなりました。

ENDURING STYLE...
L.L. BEAN TOTE BAG (1944)
不朽のスタイル
L.L.ビーンのトートバッグ（1944年）

L.L.ビーンのトートバッグは、60年前、氷を運ぶ袋として作られました。1960年代にコントラストの強いトリムが加えられ、このとおり象徴的なグッドデザインとグッドスタイルが誕生しました。アメリカ流の親しみやすさのおかげで、地味だったバッグがどこへでも持っていきたいトートに生まれ変わったのです。スケート靴やミトン、あるいは包装紙やカラフルなリボンを山ほど持って歩くのにぴったりです。

MUSIC FOR
THE MOUNTAINS...
山で聴く音楽

オータム・ディフェンス『サークルズ』

エミルー・ハリス『ロージズ・イン・ザ・スノー』

映画〈グッド・ウィル・ハンティング〉サウンドトラック

楽しみ：スキー、バードウォッチング、焚き火、そり遊び、カヤック、ピクニック、落ち葉集め、深呼吸

スコットランドのシェットランド諸島でつくられる伝統的なフェアアイルセーターには500年以上の歴史があります。

1910年、歴史ある町メインは、世界のカヌーの中心でした・65

FOR A PARTY

パーティースタイル

「パーティー前の身支度こそ華やかな気分を盛り上げるいちばんの方法。私は前もってあれこれ考えますが、直前の思いつきを採り入れる余地も必ず残しておきます。というより、装い、つまりドレス、コート、靴、ハンドバッグ(決まって小さいタイプ)、ジュエリーがなかなか決まらないことがある、と言ったほうが近いでしょう。パーティーに決して持っていかないものは名刺です」

INDULGE, INDULGE, INDULGE
思いのままに

楽しみましょう。歩く“夢”になりましょう。上半身が痩せている人には、スパゲティストラップの服が、脚線美を自慢したいなら、スリットの入った服がおすすめです。胸の谷間がないですって？　大丈夫、背中がV字に大きく開いている服を選びましょう。髪を上げるか、無造作な感じに仕上げます。これだけは気をつけてください。その靴で歩けますか？　そのドレスで座ったり前屈みになれますか？

PARTY TOAST ...
パーティーでの乾杯の音頭

「イチゴにかかっている
お砂糖に！」

バート・ランカスター
映画〈泳ぐひと〉より

PARTY MUSIC ...
パーティー音楽

キングズオブレオン『ユース・アンド・ヤング・マンフッド』

ザ・ニュー・ポルノグラファーズ『エレクトリック・ヴァージョン』

ヴェルヴェット・アンダーグラウンド
『ヴェルヴェット・アンダーグラウンド&ニコ』(2次会向き)

「私はキラキラしたジュエリーが大好きです。顔の周りに輝きが欲しいときは、ラインストーンのヘアクリップをいくつか留めます。アンディが以前からプレゼントしてくれているアンティークのバレッタもコレクションしています」

PARTIES IN THE MOVIES
映画の中のパーティー

〈ティファニーで朝食を〉

〈甘い生活〉

〈麗しのサブリナ〉

〈パーティー〉

〈モンスーン・ウェディング〉

〈シャンプー〉

WHAT IS ELEGANCE?
エレガンスとは?

「エレガンスとは、
センスのよさと少々の大胆さ」

カーメル・スノー

ODE TO THE DRESS
服への叙情詩

「服が気分を表すこともある。
人生の喜びを歌う服もあれば、
すすり泣く服、脅かす服もある。
朗らかな服、ミステリアスな服、
嬉しくなる服、涙あふれる服がある」

ファッションデザイナー、
ポール・ポワレ

AS THE HOSTESS OF THE PARTY...
パーティーのホステス役として

ホステスガウンの全盛期は1950年代でしたが、女主人の自信や品格を際立たせるのは、何と言ってもぜいたくなロングスカートのアンサンブルでしょう。ゆったりしたホステスガウン(ホステスパンツまたはパラッツォパンツというバリエーションも)は、キッチンへ飛んでいく、こぼれたドリンクを拭く、ゲストとの会話に加わったり場を離れたりと、ホステスの仕事がやりやすいようにデザインされています。

針をせっせと刺してすくって上へ下へ大忙し。サテンガウンみたいに心を落ち着かせる男性は一体どこに?

ドロシー・パーカー「サテンドレス」の一節

「パーティー・オブ・ザ・イヤー」は毎年メトロポリタン美術館のコスチューム・インスティテュートによって選ばれます

ACCESSORY STYLE

小物のスタイル

「ワードローブアイテムの中で文句なしにいちばん好きなのが小物類です。その日の気分でジュエリーやハンドバッグを替えられるなら、たとえトップとパンツが毎日同じでも平気なくらい。個性は小物使いで表現できると思います。もっとも手軽にできる自己主張でしょう」

小物類を揃えておけば、どんな状況や天候にも対応できます。全身黒ずくめの服なら、小粒のラインストーンをあしらったピンクのサンダルを。背を高くしたいならハイヒールを履き、顔を見られたくなければ帽子をかぶりましょう。小物を使えば、手軽に創造性を発揮できます。ただし、いくら思いのままに楽しめるといっても、バランスや慎みの大切さを覚えておきましょう。

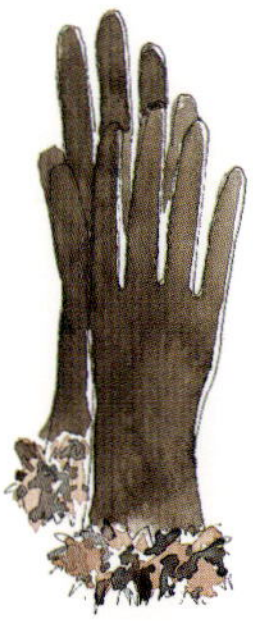

紙吹雪のようなファートリムの手袋で、
さりげなく女らしさを表現して。

1960年代のコスチューム
ジュエリーの家令、ケネス・
ジェイ・レイン。

「もちろんシンプルなほどよいと思いますが、
そぎ落とした結果が本当に価値を
増していなければ意味はないのです」

夏には光沢のあるピンクのペディキュアを、冬には網タイツを。
このオープントウの靴にはいつでも洗練された美しさがあります。

HANDBAGS
ハンドバッグ

「スタイルと実用性を理想的に組み合わせられるアイテムがハンドバッグです。私がバッグをデザインしようと思ったのは、この2つが完璧に揃ったものが他には見つからなかったからです」

「最初にデザインしたバッグは、実は**麦わら**のアンティークバッグがベース。四角い箱形で、とてもシンプルなものでした。上が開いているタイプでしたが、年中持ち歩いていたので、冬には雪が入らないようにスカーフで口をしばって使っていました」

「私がデザインするハンドバッグは、昔よくあった小さな持ち手のついた旅行用の**トレインケース**やハットボックスからヒントを得ています。ゴヤールのスーツケースのような丸型や箱型のトレインケースに惹かれるのです。私の好きな映画のワンシーンは、〈裏窓〉でグレース・ケリーがジミー・スチュワートのアパートでマーク・クロスのスーツケースを開けるところ。さりげなくシックが表現される瞬間です」

SPEAKING OF HANDBAGS...
ハンドバッグと言えば…

「ハンドバッグに適していると思う素材はいくつもあります。例えばハリスツイード。特にラズベリー、オレンジ、グリーン、茶の組み合わせといった明るい色のもの。それからピンクやボルドー色のヘリンボーン。藁や小枝、サテン、**ボア**、それに言うまでもなくキャンバス地もうってつけです」

最初のラインストーンは、ライン川で採取した水晶でした

HANDBAG PRIMER
ハンドバッグ入門

バスケット —— オープンタイプとクローズドタイプ。バッグ本体は小枝や藁を編んでつくられています。

バーキン —— 1984年にお目見えし、今やエルメスの定番。ケリーバッグに似ています。

ボックス —— 持ち手はそれぞれちがいますが、形はどれも一様に正方形か長方形で、四隅がしっかりしています。

バケット —— 形の元となったバケツの使い勝手のよさから付いた名前です。底が丸く、上が開いたバッグはこんにちの実用主義の典型です。

巾着 —— バケットに似ていますが、こちらは絞りひもで口が閉じます。

ホーボー —— 大きなやわらかい素地のバッグ。ジッパーとショルダーストラップが付き、肩からさげるとたるむか少し形が潰れるのが一般的。

トート（「ショッパー」とも呼ばれます）—— ストラップのような持ち手が付いたどこにでもあるこのバッグは、紙袋を模してつくられました。ふつうコットンキャンバス地や皮革といった丈夫な素材でできています。女性が車よりも徒歩で移動することの多いニューヨークのような都市では必需品です。

リスレット —— 細いストラップの付いた小さなバッグ。手首にぶらさげます。

クラッチ —— 持ち手はなく、そのまま手に持ちます。よくイブニングバッグとして使われ、20世紀初めからファッションの定番です。

ケリー —— 1892年に誕生したスタイルですが、人気が出るようになったのは1956年にケリーバッグと呼ばれるようになってから。グレース・ケリーが『ライフ』誌の表紙で、妊娠を隠すために使ったのがきっかけでした。

THE NANTUCKET LIGHTSHIP BASKET
ナンタケット・ライトシップ・バスケット

アメリカで1856年に生まれたナンタケットのハンドバッグほど発祥地が有名なバッグはないでしょう。木型が灯台船のマストでつくられることから、ライトシップ・バスケットと名付けられました。それからほぼ100年後の1948年、編み蓋が加えられ、人気のバッグが完成しました。ナンタケット島からフランスのリヴィエラまで、あちこちのおしゃれな港でこのバッグを持ち歩く「クルーザー所有階級」の女性たちの姿が見られました。

HANDBAG CARE
ハンドバッグのお手入れ

革のバッグは、埃をはらい、軽く湿らせた布で拭きます。専用クリーナーを使う場合は、なるべく少量ずつ使うこと。**エナメル革**のバッグも、湿らせた布に必要に応じて中性洗剤を使います。**ピッグスキン**の細かい汚れやしみを取り除くには、練り消しゴムが便利です。**布地**のバッグは、糸くず用ブラシかローラーを使いましょう（犬や猫を飼っている人ならなおさら）。ぜいたくな**サテン**や**ラインストーン**付きのバッグは、クリーニングに出すのがいちばんです。

バッグの**保管**には、高温を避け直射日光の当たらない比較的涼しい場所が適しています。プラスチックの袋やケースではなくやわらかい布の袋に入れ、バッグを擦れや埃から守ります。タグを付けて識別しやすくしておきましょう。

「これまでにデザインしてきたハンドバッグを振り返ってみても、会社をはじめたときにつくったボックス型のバッグがいまだにいちばん気に入っています。元の名は、『ミディアムショッパー』で、私たちのクラシックだと思っています。それと『クイン』という名のバッグも気に入っています」

「エンヴェロープバッグを愛用しています。本当に平べったいのが理想的。時々バッグ代わりに使う写真用封筒には、必要なものがすべて入ります」

THE CASHIN CARRY
カシン・キャリー

ボニー・カシンのハンドバッグは、モダンで色鮮やかなことに加え、工業用トグル（註：留め具）を使うなど、機能性も際立っていました。バッグの外側に小銭入れを付けたり（これぞ「カシン・キャリー」）、バッグそのものをコートやドレスに縫い付けたりしたものもありました。彼女自身のように、活動的な女性のためにバッグをつくったカシンは、必要となれば3つのバッグを片腕にさげることで有名でした。

「手首にかけられる巾着袋は、カクテルパーティーに最適です」

ルイ・ヴィトンが1932年に発表したバケット型ノエ・バッグは、もともとシャンパンを5本持ち運ぶためにデザインされたものです。

バッグの持ち手に籐や竹が使われるようになったのは、第2次大戦後、皮革が不足したためです •

SHOES

靴

「私はスリングバックを1年中履いています。軽やかさのある靴が好きで、逆に重い靴は昔からどうも好きになれませんでした。スリングバックの場合、まん丸やとても尖った特徴的なつま先の靴でも軽い印象は残ります。また、靴のカットも重要だと思います。足がきれいに見える靴なら、そのデザインが似合っているということでしょう」

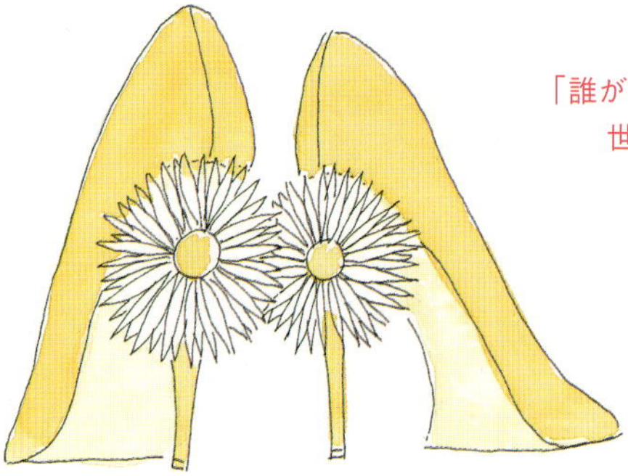

「誰がハイヒールを発明したのか知らないけど、
世の男性はその人に感謝しなくちゃ」

マリリン・モンロー

独創的、アイコニック、華麗。天才ロジェ・ヴィヴィエの作品はこんな言葉だけでは形容しつくせません。彼のデイジーのスティレット（註：高くて細いピンヒール）も無邪気なのは見た目だけです。

JUST A LITTLE BOW...

ちょっとしたリボンで

フォックスクロフト女学校の生徒がよく履いていたために「フォックスクロフトスニーカー」と呼ばれていたベルジャンローファーは、今でもモカシンシューズのモデルとなっています。1940年代後半にベルギーを訪問したヘンリ・ベンデルは、カントリースリッパとして使われていたベルジャンローファーに初めて注目しました。硬い靴底と手縫いの職人技に魅了され、1950年代半ば、ニューヨーク・ミッドタウンの小さな店で販売をはじめました。当初は12ドル50セントでした。こんにちではもっと高く売られていますが、トレードマークの革のリボンやアクセントのパイピングまで、すべて手縫いでつくられている点は昔のままです。

「美しい靴、エレガントな靴を履いている女性を見ると、とてもセクシーな人だということがわかります」

アンディ・スペード

「靴は“軽くそして速く”なければ」

ヴァレンティナ

フラッシュは無用です！
このラインストーン付きポー・ド・ソワ・サンダルは、屋外パーティーでも煌々と光を放ちます。

MORE SHOES, MORE STYLES...

靴の数だけスタイルが…

フリップフラップ、エスパドリーユ（1900年代初めにリヴィエラの上流階級によって有名に）、バックス、モカシン、コンヴァース・オールスターズ、ゴーゴーブーツ、サドルシューズ、ハッシュパピー、ウェリントン、ライディングブーツ、スリッパ。

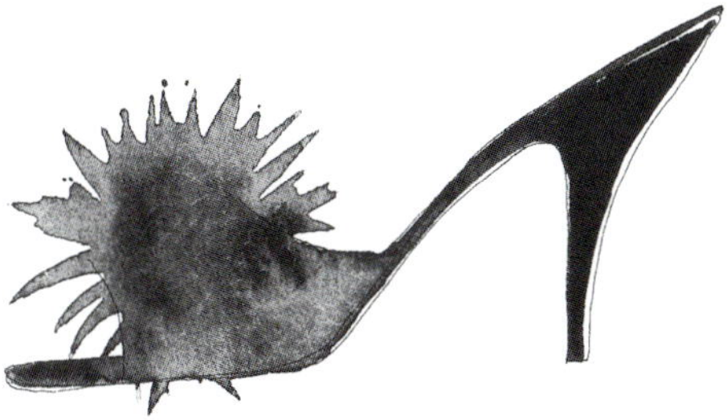

スーパーモデルのシャロム・ハーロウにとてもよく似合っていました。でも、これなら誰が履いても素敵に見えるでしょう。この小さなマラボースリッパのパフにふっと息を吹きかけたくなります。

夜の闇のような黒にホットピンクの組み合わせでヒートアップまちがいなし。

STILL IN STYLE: SHOES FROM OUR CHILDHOOD

今でもスタイリッシュ：子どものころの靴

ブローグ —— ピンク系ブラウンの革のベロとつま先のW型の穴飾りが特徴的。農民靴でしたが、1930年代にウェールズ公がゴルフに適していると目を付けたことから、ファッションアイテムに昇格しました。それ以来、ゴルフシューズの定番です。

ペニーローファー —— 「バス・ウィージュン」という名で発売されましたが、1950年代に、革のすき間にペニー（1セント硬貨）を入れるのが流行し、「ペニーローファー」というニックネームが付きました。ニューヨークでは、ペニーの代わりに地下鉄用のコイン（トークン）を入れる人もいました。

メリー・ジェーン・シューズは、1902年にバスター・ブラウンが描いたコマ漫画のキャラクターからその名前が付けられました。

JEWELRY

ジュエリー

「ゴールドと色を組み合わせるときれいですし、どんな服もちょっと輝きを増します。私はブレスレットの重ね付けが好きですが、ネックレスは大きなものをひとつだけ身につけるようにしています。指輪はあまりしませんが、唯一、年代物の大きなカクテルリングには目がありません」

ENDURING STYLE... CARTIER TRINITY RING (1924)

不朽のスタイル
カルティエ トリニティーリング（1924年）

シンプルさと技巧を極めた比類なきゴールドの3連リングは、ピンク、イエロー、ホワイトのゴールドそれぞれが愛、貞節、友情を象徴しています。宝石商ルイ・カルティエが友人のジャン・コクトーのためにデザインしたものです。

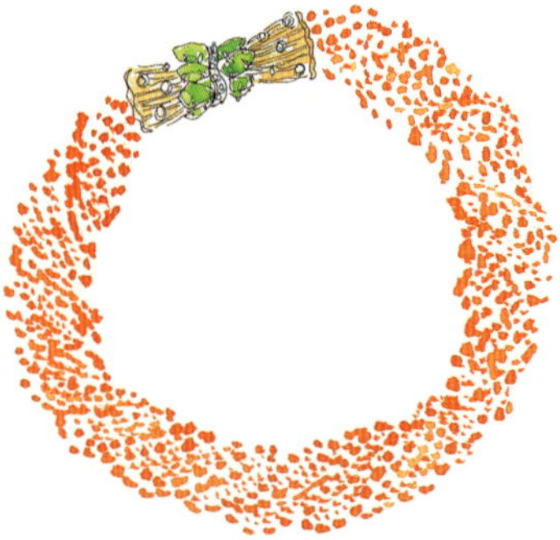

サンゴ、エメラルド、ダイヤモンドを合わせたカルティエの豪華なチョーカー。ウィンザー公爵夫人所有。

ベーブ・ペイリーは、手首にパールを何連にも巻き、さらにカラフルな石やゴールドのブレスレットを重ねていました。

THE COCKTAIL RING...

カクテルリング

カクテルリングの特徴は、“大きい”のひと言で言い表せます。1950年代に流行し、一般的には数種類の石がアレンジされています。高いドーム型になっているものが多いため、手袋をはめるときなどには不向きですが、シャンパングラスを持つ手にはよく映えます。

COSTUME JEWELRY
コスチュームジュエリー

ラインストーン、カラーストーン、人工パール、エナメル……これらはすべてコスチュームジュエリーに使われる材料です。丈夫なように見えますが、実際はもちが悪く、本物の宝石よりも短命です。輝きが摩耗し、台座がゆるみ、接着剤が乾きやすいのです。コスチュームジュエリーの第1のルールは身につけて楽しむことです。第2のルール――わずかなお手入れが大きな差を生みます。

WRIST APPEAL
手首のおしゃれ

両方の手首にカフスブレスレットをしてみましょう。ダイアナ・ヴリーランドのヴェルドゥーラカフスは有名でした。アメリカのスポーツウェアデザイナー、クレア・マッカーデルは、揃いの型押し革カフスをデザインしました。ゴールドとキラキラしたブレスレットをいくつか合わせ、片腕に全部はめるのも素敵。それ以外の装いはシンプルにしておきます。

ストライプのグログランのリボンは、クラシックな文字盤によく合います。

ADORNMENTS...
アクセサリー

バングル

シグネットリング

カクテルリング

大きなイヤリング

ボリュームのあるネックレス

ターコイズ

ケネス・ジェイ・レインのオリジナル

チャームブレスレット

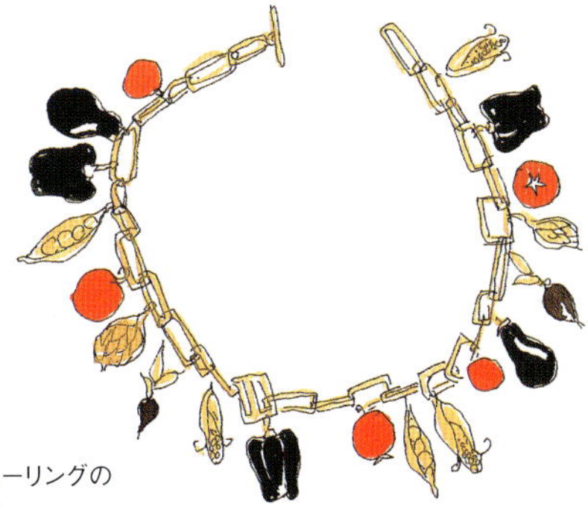

テッド・ミューリングのイヤリング

1980年代後半にカール・ラガーフェルドがデザインしたベジタブルネックレス

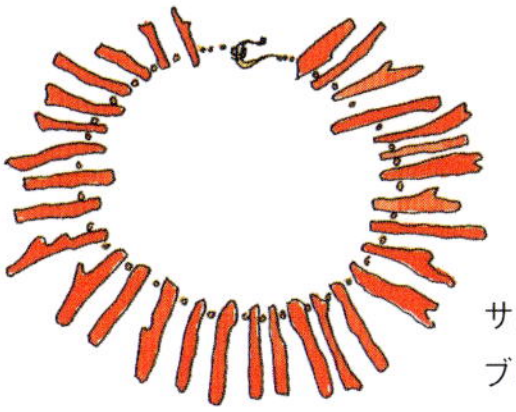

サンゴのネックレス、ブレスレット、指輪

ヴィヴィアン・リーは25個のダイヤモンドのカクテルリングを持っていました。

「燦然と輝くものは金ではない」―シェイクスピア

SUNGLASSES

サングラス

「サングラスはスタイルを大きく左右します。どこか強烈でミステリアスなところがあります。人を寄せつけないものもあれば、吸い込まれてサングラスの向こう側にいる人物をもっと知りたいと思わせるものもあります。実を言うと、私もいつも2つは持ち歩いています」

SUNGLASS STYLES THAT MAKE ME SMILE . . .

微笑みを誘うサングラススタイル

ヘッドバンド付きグラス、べっこう、キャットアイ、ドクター・ショールの健康サングラス、ラップアラウンドフレーム、カラーレンズ、アビエーター、エアキャップ、パールフレーム

「アン・スレーターのサングラス使いは最高のお手本です。彼女がかけるサングラスは人を拒絶したりしません」

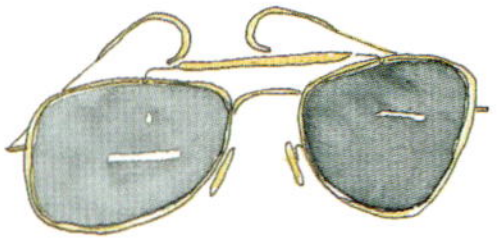

THE RAY-BAN: A TRIUMPH OF FORM AND FUNCTION

レイバン：機能美の勝利

1930年代、アメリカ陸軍航空隊がボシュロム社にサングラスをつくらせた際、仕様について次のような指示を与えました。パイロットはたびたび下にある計器パネルを見るため、フレームは目の下でカーブしていなければならないこと、そしてレンズは、高い高度での強い日差しからパイロットの目を守らなければならないこと。こうしてフライトをより安全にする飛行士の味方、レイバンが生まれました。1960年代にはファッションアクセサリーになり、今でもその人気は衰えていません。

YOU KNOW THEM BY THEIR GLASSES...
眼鏡の有名人たち

アンディ・ウォーホル

アン・スレーター

ル・コルビュジェ

ジョン・レノン

ウディ・アレン

ポーリン・トリジェール

ピーター・セラーズ

アナ・ウィンター

フィリップ・ジョンソン

スウィフティー・レーザー

ジャッキー・オナシス

キャリー・ドノヴァン

イーディス・ヘッド

エルヴィス・コステロ

ロンドン人オリヴァー・ゴールドスミスは、初めて名を成した眼鏡デザイナーのひとりです。彼の眼鏡の愛用者には、イギリスの写真家スノードン卿、ナンシー・シナトラ、ジョン・レノンがいました。

GLASSES, HOLLYWOOD STYLE
ハリウッド流サングラス

かつてハリウッドでサングラスが大流行したことがありました（1960年代のサングラスの代表的ブランドのひとつ、フォスター・グラントの広告を思い出してください）。サングラスはセレブの身だしなみの一部でした。1970年代、映画〈アニー・ホール〉でダイアン・キートンがかけたのをきっかけに、おばあさん眼鏡が最先端のアクセサリーになりました。また、映画〈白銀のレーサー〉でヴュアルネをかけたロバート・レッドフォードは、究極のイケメンスキーヤーでした。レイバンのウェイファーラーは、ジャック・ニコルソンの公私にわたるトレードマークになっています。

「フォスター・グラントの陰に隠れているのは誰？」・77

HATS

帽子

「帽子は、スタイルにウィットと個性を加えるのにうってつけだと思います。太陽の下では必ず帽子をかぶるようにしていますが、ヘアスタイルがまとまらないときなどは、屋内でもつばの広い帽子をかぶっています」

A HAT IS NICE TO WEAR 365 DAYS A YEAR

365日かぶりたい帽子

アンディの大好きなスキーキャップ

ベレー —— 頭にぴたっとフィットするやわらかい帽子。フランスで人気が出ました。

ボンネット —— つばが硬いものとやわらかいものがあり、顎の下で結ぶリボンが付いています。

クロッシュ —— 山が高くつばの小さな、頭からすっぽりかぶる帽子。

クーリーハット —— フラシ天のフェルトでできた三角型の帽子。ヴァレンティナは、中国の屋根に似ていると表現しました。

フェズ —— つばのない筒状の山高帽子。飾り房が付いています。

ガーデンパーティー —— つばの大きなやわらかい麦わら帽子。その多くにはリボンや花があしらわれています。

ランプシェード —— 山が低く、わずかに傾斜した大きなつばがあります。1960年代初め、このシルエットを使ってクリスチャン・ディオールが素敵な帽子をつくりました。

ネール —— つばのないやわらかい帽子で、てっぺんにくぼみがあります。

ピクチャー —— やわらかいつばが波打ち、顔を縁取る大きな帽子。

ピルボックス —— つばのない、丸い小さな婦人用の帽子。バレンシアガの「エッジの硬い」ピルボックスハットが有名です。ハルストンのピルボックスハットは、当時ファーストレディーだったジャクリーン・ケネディがかぶり流行しました。

プロフィール —— つばの片側が上がり、片側が下がっています。映画〈華麗なる賭け〉でフェイ・ダナウェイがかぶっています。

セーラー —— 丈夫なコットンキャンバスでつくられることの多い、山が低くつばが硬い帽子。

スキーキャップ —— 裾を大きく折り返してあるニットキャップ。よくてっぺんにポンポンが付いています。

タモシャンター —— スコットランドの帽子。てっぺんが丸く平らで、ポンポンが付いています。

トーク —— 成形された、つばのない小さな帽子。

チュルバン（ターバン） —— 頭の周囲をぴったり覆う布。1920年代に流行しましたが、有名なファッション評論家エレノア・ランバートは、何十年も愛用していました。

バイザー —— 山の部分がなく、フロントに丸いつばの付いた帽子。スポーツウェアに傾倒していたスキャパレリは、麦わらのバイザーをつくりました。

HAT CHART 帽子のサイズ表

HEAD SIZE 頭まわり (inches)	HAT SIZE 帽子のサイズ	
21"	6 5/8	S
21 1/2"	6 1/2	S
21 5/8"	6 7/8	S
22 1/8"	7	M
22 1/2"	7 1/8	M
23"	7 1/4	L
23 3/8"	7 3/8	L
23 1/2"	7 1/2	XL
24"	7 5/8	XL
24 1/2"	7 3/4	XXL
25"	7 7/8	XXL

（註：1インチ＝約2.54センチ）

「お気に入りの形を
ヘリンボーンで」

「帽子はオール・オア・ナッシングでなければなりません。その雰囲気に思わずのまれるくらいシックで美しいものか、ただ髪を隠し、小ぎれいに見せるだけのキャップやフードかのどちらかしかありません」

ヴァレンティナ

婦人帽子屋としてはたらきはじめたシャネルは、1910年、南フランスのミディ地方で開かれたボートレース用のボーター（カンカン帽）をデザインしました。

1940年代にジャック・ハイムがデザインしたプリーツのシーサイドハットは、都会人にもぴったりです。

SEASONAL STYLE

季節ごとのスタイル

「もちろん季節ならではの服のチョイスというのはあります。気温の低い時期には、カシミアの模様編みのジュエルネックセーターをずっと着ています。でも逆に、ちょっとばかり風変わりと思われることもします。例えば、どんなに寒くても、私はストッキングははきません。でも、他の女性がはいているのは素敵だと思います」

SPRING 春

「古くさく聞こえるでしょうが、春は片づけにうってつけの季節、とはよく言ったものです。髪を切ったり、部屋の模様替えをしたり。陽気のせいで活動的になります」

RAIN BOOTS
レインブーツ

私を月へ連れて行って、
そして、星々の間で遊ばせて。
木星や火星の春が
どんなふうだか見せてほしいの。

「フライ・ミー・トゥ・ザ・ムーン」

春は脱皮の季節。背負って歩いていた冬の衣服（毛糸の帽子や1.2メートル以上もある長いマフラー）は来年までクローゼットでひと休み。春はレインコートと傘の出番が多くなります。毛皮のブーツからレインブーツに履き替えるときです。そして手袋は、もし使うならそれは必要だからというよりも見せるため。

春には、少し混乱もさせられます。朝夕の日陰はまだ肌寒いのですが、日中はすこぶる暖かくなります。そんなときあなたなら、ショートパンツにハイソックスを履きますか？　茶色のレザージャケットに濃いオレンジのカプリパンツ？　窓を開けたままヒーターを入れて、コンバーティブルに乗りませんか？

SUMMER 夏

「アンディと私の好みが真っ二つに分かれる季節です。アンディにとって、夏は海水浴、ジョギング、サイクリングなど、体を動かすことのほとんどを意味しています。私の理想的な夏の午後の過ごし方は、雑誌を読みふけること。友だちと雑誌をたっぷり仕入れ、家の中庭で日差しから逃れて過ごします」

BERMUDA SHORTS
バミューダパンツ

名前と実体はかけ離れていて、その発祥地はバミューダではありません。熱帯地域に派遣されていたイギリスの陸軍将校たちがズボンをひざの長さに切ったことから、このひざ丈パンツが生まれました。マドラスや明るい色のものが多く、ひざ丈のソックスを合わせるのが正統な着こなし。でも、アメリカではソックスの出番は少ないようです。

「こういうメキシコ刺繍のトップスに目がありません。もう長いこと私の週末の定番服になっています」

夏の雨ほどやさしい雨はありません。こういう日こそカプリパンツ、フリップフラップ、そしてヴァージニア・ジョンソンがデザインした、こんな青と白のセーラーハットがぴったり。

ふわふわのお花の付いたフリップフラップを見ると、ついにっこりしてしまいます。フローラルな香りいっぱいの香水をつけて。

FALL 秋

「小春日和もよいのですが、ニューヨークでは、8月を過ぎると涼しい夜が待ち遠しくなります。私はミニ丈のコットンドレスよりも、大判のスカーフやジャケットのほうが断然好きだからです。とはいえ、季節が重なる瞬間というのは必ずあるものです。秋口ならば、ウールの模様編みのジュエルネックセーターにコットンの花柄スカートとオープントウのスリングバックを合わせたりします。季節と関係なくただ好きなものを着るときもあります」

「乗馬はしませんが、ウエストがキュッと締まった小さな乗馬ジャケットを着て、愛犬のヘンリーを長い散歩に連れて行くのが楽しみです」

「気温が10度を下回る日が好き。寒さしのぎにきれいなマフラーを巻けるから」

HOW TO SPOT A PERFECTLY MADE UMBRELLA . . .
完璧な傘を見つける方法

籐巻の持ち手（持ち手本体にはユリノキ材が使われています）

柔軟性と、風圧への耐性を保証する鍛鋼フレーム

骨と伸張具のつなぎ合わせは手加工

傘地は上質なナイロンか防水加工されたイギリスシルク

真珠質の留めボタン

AUTUMN SHOWERS
秋雨

1750年代以降、傘はイギリスのブリッグ社製がいちばん。イギリス王室御用達の傘メーカーです。

WINTER 冬

「寒い季節が好きなので、セーターを重ねたり、大きなマフラーを首に巻くのもまったく苦になりません。友だちのほとんどは寒い日には外に出たがりませんが、私はちがいます。むしろ活動的になります。ただ正直に言うと、ニューヨークでは雪が降るとべちゃべちゃして汚くなることが多いので、それには閉口します」

冬にはっきりした色はどうも苦手という人が多いのですが、冬こそ色がもっともさえて見える季節です。赤はより深く、茶はより豊かで、象牙色にさえいつにも増してうっとりさせられます。どんよりした日のオレンジはぬくもりとなり、ターコイズを加えれば魅惑と個性が生まれます。

APRÈS-SKI（OR WHENEVER YOU'RE GOING TO SEE MORE SNOW THAN PEOPLE）…
アフタースキー
（または、人間よりも雪が多い場所へ出かけるとき）

耳あての付いたフェイクファーの帽子

イヤーマフ

鮮やかなオレンジのスキーパーカー

ピンクのスキーパンツ（ありでしょ？）

もこもこの温かいスリッポンブーツ
（スリッパのように重ねばきしても）

フランネルのパジャマ

サングラス（雪の照り返しに注意）

風焼けから肌を守るフェイスクリーム、リップバーム

ホットチョコレート用魔法瓶

上等のウールコートを買うのは、"おしゃれ投資"

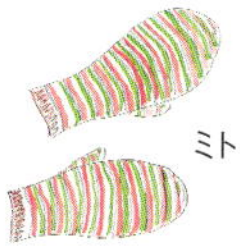

ミトン

雪の日！ いちばん古いノルウェーセーター、マクラク（註：毛皮製ブーツ）、フランネルパジャマのボトムの出番です。暖炉に火をおこし、イーディス・ウォートンの『イーサン・フローム』を読みましょう。

アーネスト・ヘミングウェイは、アイダホ州ケッチャムにあるサンヴァレー・スキーリゾートの常連でした • 83

TRAVEL STYLE

旅のスタイル

「アンディと私は年2回ほど長旅に出かけますが、その間に短期の出張、友人や家族と過ごす小旅行もたくさんします。鞄に何を詰めればいいか、最近はわかるようになってきましたが、私の必需品の定義では、ついつい小物類のウエイトがメインの服を大幅に上回ってしまいます」

「旅のスタイルでは、
何を持っていくかだけでなく、
ひとつの場所から別の場所へ
どう辿り着くかが大事です」

MARK CROSS—AMERICAN DESTINY

マーク・クロス — アメリカンデスティニー

芸術家で美食家のジェラルド・マーフィーは、1930年代に父親からマーク・クロス社を継ぎました。マーフィーと夫人のサラは、F・スコット・フィッツジェラルドの『夜はやさし』に登場する悲劇の人物ディックとニコール・ダイヴァーのモデルでした。フィッツジェラルド夫妻、ヘミングウェイ、ピカソ、ドロシー・パーカー、なかでもマーフィー夫妻は、アメリカとフランスのリヴィエラで「優雅な生活が最高の復讐である」（ジェラルドの言葉）のとおりの存在として語り継がれています。

TRAVEL BOOKS

旅行記

オサ・ジョンソン著『ウガンダ 私は冒険と結婚した』

アーサー・C・クラーク著『2001年宇宙の旅』

A・J・リーブリング著『ビトゥィーン・ミールズ：
アペタイト・フォー・パリ』

ロレンス・ダレル著『アレキサンドリア四重奏』

ジャック・ケルアック著『路上』

M・F・K・フィッシャー著『トゥー・タウンズ・イン・プロヴァンス』

『ライ麦畑でつかまえて』でホールデン・コールフィールドが寄宿学校へ旅立つときの荷物の中には、都会人のステータスシンボルがいくつかありました。そのうちのひとつがマーク・クロスの革鞄でした。

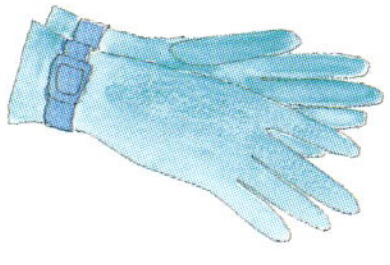

スカーフや手袋は使い道が豊富で、しかも荷物になりません。それに、スカーフは誰がしてもサイズがぴったり。

「世界を美しくしたり、男性を若返らせたりはしないかもしれない。わからないけど。でも、現にクルマの時代はやってきたし、その影響であらゆる物の外見が変わることはまちがいない」

ジョゼフ・コットン、映画〈偉大なるアンバーソン家の人々〉

PLACES WITH STYLE
スタイルのある場所

ハイアニス・ポート

イーストヴィレッジ

ナンタケット

ニューポート

パームビーチ

パリ

ポジターノ

サントロペ

サヴァンナ

76番通りとマディソン街の角

シルヴァーレイク

テルライド

ヴェニス

MUSIC FOR ROAD TRIPS
ドライブ旅行で聴く音楽

ボブ・ディラン『追憶のハイウェイ61』

ウィルコ『ビーイング・ゼア』

ブルース・スプリングスティーン『ネブラスカ』

ENDURING STYLE... VOLKSWAGEN BEETLE (1931)
不朽のスタイル
フォルクスワーゲン・ビートル（1931年）

ビートルズ、パンチバグ（註：VWビートルを見かけたら人の腕をこづくゲーム）、ビーチバギー、1960年代、アメリカ横断旅行、のんびりした時代。曲線が特徴のドイツ車VWは、人々の愛すべき足として瞬く間にアメリカカジュアルのアイコンになりました。1998年に再登場したとき、皆のお気に入りの車として揺るぎない人気ぶりが証明されました。Let the good times roll（いい時間を転がそう）。

レイモンド・ロウィの1953年式ステュードベーカー・スターライナーは、アメリカ車として初めてニューヨーク近代美術館で展示されました。

「バッグからウールジャージーを
取り出してアイロンのことを
忘れていられるのって素敵じゃない?」

クレア・マッカーデル

TRAVEL TIPS
旅のヒント

飲料水を持って行きましょう —— 体の内と外の健康を保つにはこれがいちばん。長旅の前、最中、後には必ず水分をとりましょう。

カバーソックス —— 足が冷える人には、家で愛用しているルームシューズに匹敵します。

化粧品などのサンプル —— 小旅行にぴったり。

旅行用キャンドル ——「いつもキャンドルを持っていき、ホテルの部屋のあちこちに置きます。そうすると知らない地にいるという感覚が薄れてくつろげます」

旅行用アイロン／スチーマー —— どんなに工夫してもシワのできる服はあります。軽量のスチーマーかアイロンを持参してホテルのクリーニング代を浮かせましょう。

THE HOTEL SCHMOTEL
ホテル・シュモーテル

「旅先のホテルは、部屋が美しいと同時に、機能的でなければなりません。化粧バッグがカウンターから滑り落ちたりするような使えない部屋では困ります。ホテルでの滞在が快適でなければ、楽しめません」

「ボストンへ行くときは時々、飛行機を使わずに列車の旅を楽しみます。それがちょうどいいスピードに思えるからです」

"LV"
ルイ・ヴィトン

ルイ・ヴィトンは、ナポレオン3世の妻ウージェニー皇妃専属の鞄職人でした。ヴィトンはそのころに蓋が平らなトランクを思いつき、大型客船の客席にその置き場所をつくらせると、まもなく人気の旅行鞄になりました。1854年、パリに店をオープンしたヴィトンは、インディアン・マハラジャ（大王）から茶道具用の旅行ケースを受注。その中には、なんと水を運ぶための銀の容器もありました。

WHAT SIZE CLOTHES DO YOU WEAR? あなたの洋服のサイズは?

AMERICAN アメリカ	BRITISH イギリス	CONTINENTAL ヨーロッパ	JAPANESE 日本
2	8	34	5
4	10	36	7
6	12	38	9
8	14	40	11
10	16	42	13
12	18	44	15
14	20	46	17

WHAT SIZE SHOE DO YOU WEAR? あなたの靴のサイズは?

AMERICAN アメリカ	BRITISH イギリス	CONTINENTAL ヨーロッパ	JAPANESE 日本
6	3	35½	23
6½	3½	36	23½
7	4	37	24
7½	4½	37½	24½
8	5	38	25
8½	5½	38½	25½
9	6	39	26
9½	6½	40	26½
10	7	41	27

MEXICO

メキシコ

「メキシコは、私たちにとって第2のふるさとのようなもので、毎年、長期滞在する場所です。飛行機から降り立った瞬間に、私はほっと大きなため息をつきます」

INSIDE MY SUITCASE FOR A TRIP TO MEXICO
メキシコ行きのスーツケースの中身

明るい色のビキニ
（「私のお気に入りは、ポジターノで見つけた小さなコットンビキニ。
水玉のものやプロヴァンス風プリントのものがあります」）

白と黒の綿のシガレットパンツ

ピンクのシルクシャンタンのカプリパンツ

メキシカンドレス（「長年、旅行のたびに買い揃えてきました」）

大きな麦わら帽子（「太陽の下で寝そべるタイプではないので」）

フレンチブルーと白のストライプTシャツ

ラインストーンをはめ込んだトンボ飾り付きピンクサンダル

定番のエスパドリーユ

ストーンカプリサンダル（「まさしくカプリ旅行で思いついて」）

鮮やかで
カラフルなサロンスカート

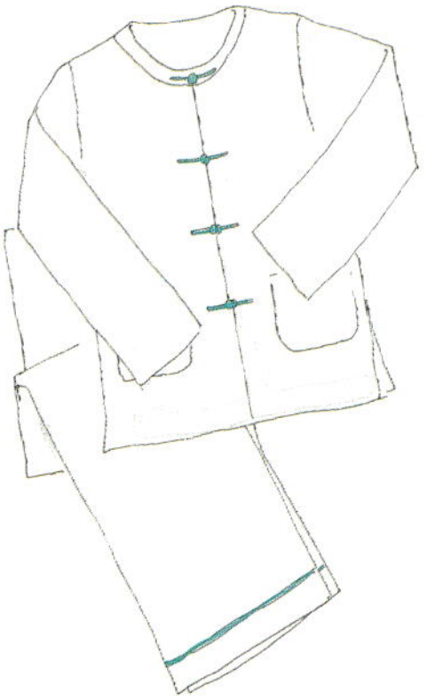

綿パジャマ

機内持ち込み手荷物

ボトル入り飲料水

雑誌（「ふだんじっくり読んでいる暇がないので」）

色のちがうサングラス数個

ジュエリー
（大きなイヤリング、ティアドロップペンダント、たくさんのブレスレット）

カラフルな旅行用札入れ

ポータブルCDプレーヤー（小型スピーカーとお気に入りのCDも）

ヘアケアや美容グッズ

旅行用キャンドル

KANSAS CITY

カンザスシティー

「会社には複数の時計があり、それぞれちがう都市の時間を表示しています。ひとつは私が育ったカンザスシティーです。毎日その時計を見て、自分のルーツだけでなく、自分が何者なのか思い出しています」

INSIDE MY SUITCASE FOR A TRIP TO KANSAS CITY

カンザスシティー行きのスーツケースの中身

ゆったりしたスカート。無地のものとプリント地のもの
（「私の姉妹たちは私がスカートにこだわることをいまだにからかいますが、でも、大好きなんです」）

幅のある赤い革製ヘッドバンド、水玉のスカーフを数枚、カラフルなラインストーンのバレッタをいくつか。髪のおしゃれのために

スリムパンツ

つま先が四角いフラットシューズ

キトンヒールのスリングバック

リネンの中国風パジャマ
（「絹ボタンで留めるのがとてもかわいい」）

ぴったりしたセーター。
どれもジュエルネックの
プルオーバー

機内持ち込み手荷物

ボトル入り飲料水

よい本

会社の仕事（「でも控えめに」）

ジュエリー
（「たくさんは持っていないので、あるものを使い回しています」）

アンディの写真

「あの娘とカンザスシティーを切り離すことはできません。ケイトのはバックグラウンドというより前面に現れています。彼女のバロメーターの一部なんです」

アンディ・スペード

ヘンリー
（「出かけるときはいつもいっしょです」）

「汝、故郷に帰るなかれ」、とは誰が言ったのでしょう?

カンザスシティー生まれのコラムニスト、カルヴィン・トリリンは、カンザスシティーのBBQレストラン「アーサー・ブライアンツ」を世界一のレストランと評しました

SECTION THREE

Maintaining Style

スタイルのメンテナンス

永久保存の服 ・ ワードローブの定番

クローゼットの整理 ・ ワードローブのABC

衣服のお手入れ ・ ジュエリー

FOREVER CLOTHES

永久保存の服

「新しい花柄のスカートやジュエルネックのセーターにどんなに心を奪われても、クローゼットの中にはなくてはならないものがあります。大事な本をとっておくのと同じです。いつまでも私に“語りかけてくる”ので手放せるはずがありません。それに、私に言わせれば、45歳になるまでは何事も投げ出してはいけないと思うのです」

「昔の服は古い友だち」

シャネル

ENDURING STYLE . . .

不朽のスタイル

スタジアムブランケット、白いテニスボール、ボタンダウンシャツ、〈卒業〉、フラフープ、マティーニ、バミューダパンツ、中庭でのディナー、『ライ麦畑でつかまえて』、ジャズ、ハーシーズのキスチョコ、ハンモック、シェットランドセーター、冷えたビール、ビキニ、ブルージーンズ、バーベキュー、紺のケッズ、シーソー、ジッポライター、〈赤い風船〉

KATE'S FOREVER CLOTHES . . .

ケイトの永久保存の服

学生服のブレザー
「今でも着ます。紺に白の文字飾りがあります」

フィッシャーマンセーター
「父が何年も前にアイルランドで買ってきてくれたもの。少し伸びてしまいましたが、ビーチで肌寒いときに重宝します」

2連パールのイヤリング
「祖母から譲り受けたとっておきのもの」

ティアラ
「本当は母のもので、姉妹の誰も欲しがらなかったときはわくわくしました。そろそろ使ってみようと考えているところです」

天然サンゴのブレスレット
「大叔母のものでした。サンゴが少しもろくなっていますが、手放すことなどできません」

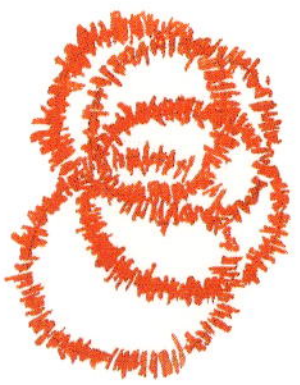

WARDROBE CLASSICS

ワードローブの定番

「数年かけてワードローブを充実させてきたならば、自分の好みがだいたいわかってきているのではないでしょうか。私の友人には年中ポロシャツで過ごす人もいますし、逆にポロシャツを1枚も持っていない人も。定番アイテムは、自分らしいスタイルのベースとなるのです」

KATE'S WARDROBE CLASSICS . . .
ケイトのワードローブの定番

ゆったりしたスカート
「まちがいなくいちばんに挙げられます」

ジュエルネックセーター
「この形のセーターが大好きです。私のはすべて長袖で、ありとあらゆる色を揃えています。平編みも模様編みも、ウールもカシミアもありますが、ただコットンのものだけはありません」

フレンチストライプのバトーネックのトップス
「Tシャツは着ませんが、このフレンチクラシックには目がありません」

コート
「7分丈のスリムなコートで、大きすぎず、ラグラン袖でないものを選んでいます。コートの下はセーターにパンツと決めています」

テッド・ミューリングのイヤリング
「首ったけです。そのひと言しかありません」

水晶のペンダント
「いつも身につけているお気に入り。台座に小さなスカラベ（コガネムシ）がいます」

A WORD ABOUT MONOGRAMS . . .
モノグラムについてひと言

「モノグラム（註：図案化した組み合わせ文字）をたくさん身につけるのはあまりおすすめできませんが、ジュエルネックセーターの真ん中に古典的な筆記体で入っているのは素敵だと思います。ブロック体もいいのですが、私はトートバッグにしか使いません。本当はトートでも筆記体のほうが好きです。小物類の中には、超高級バッグの裏地や古い腕時計の裏ぶたなどのように、モノグラムで独自性を主張しているものもあります。私は、モノグラムなら3文字が好きです。1文字ではあまりにコメディドラマの主人公みたいなので」

「ニューヨークのグリーン通りでモノグラムを売るのは、マディソン街で売るのとはわけがちがいます」
アンディ・スペード

ウェブスターの辞典によれば、'classic'とは'卓越さと価値が認められ、基準となるもの'

ORGANIZING YOUR CLOSET

クローゼットの整理

「本当は完璧に整理されていなければいけないのですが、一から整理し直すのはつい後回しになってしまいます。でも大ざっぱには、ハンドバッグは高いところ、靴は低いところ（アンディのクローゼットも間借りしているのですが）、パーティー服は他の服とは分けて収納するようにしています」

ORGANIZING OPTIONS
整理の仕方

季節ごと —— スペースに余裕がある人は、季節ごとに服を入れ替えるのが理想的。服にとって健康的であるばかりでなく（ぎゅうぎゅう詰めになるのを防ぐなど）、整理整頓しやすくなります。

色別 —— ピンクから黒まで服のカラーバリエーションが豊富なら、色別に整理しておけば、服を手早く選ぶことができます。維持も簡単です。

アイテム別 —— シャツはシャツ、パンツはパンツ、というように機能本位で。似たもの同士を集めるついでに、色分けもしてみてはいかがでしょう?

HANGING VS FOLDING
吊るす VS たたむ

ニット以外は、パッド付きハンガーにかけるのがベストです（パンツはパンツ用ハンガーに吊るします）。シャツの襟の形を保ち、ブラウスにシワをつくらないためには、いちばん上と下と真ん中のボタンを留めてからしまいます。ジッパーを上げ、ポケットを空にするのも忘れずに。セーターはたたむのがいちばん。Tシャツ、ポロシャツ、綿のタートルネックも同じです。

「クローゼットの中のものは、
ミルクやパン、雑誌や新聞と同じように
賞味期限があるべきだ」

アンディ・ウォーホル

A LIBRARY OF SHOES
(AKA ANDY SPADE'S ORGANIZING PRINCIPLE FOR SHOES)
靴のライブラリー（別名、アンディ・スペードによる靴の基本分類）

知識の習得 ── ワラビー

アート＆建築 ── マノロ・ブラニク、ヘルムート・ラング、ステファン・ケリアン、クリスチャン・ルブタン、ロベール・クレジュリー

ビジネス ── フローシャイム、アレン・エドモンズ、チャーチのイングリッシュシューズ、オールデン

発見 ── スペリー・トップサイダー、ティンバーランド、ソレルブーツ、スキューバ用ソックス

ガーデニング ── ウェリントン、ラバー製クロッグ

健康 ── イージー・スピリット

演劇 ── ダンスコのクロッグ

ユーモア ── カンペール、アースシューズ、ムーンブーツ、ジョン・フルーヴォグ

娯楽 ── フリップフラップ、エスパドリーユ、ジャック・ロジャーズ、ミネトンカ・モカシン

文学 ── コンバースのスニーカー、バス・ウィージュン

哲学 ── ビルケンシュトック、ニューバランスのスニーカー

詩 ── ロックポート、ワラチ（註：革を編み上げたサンダル）

セルフヘルプ ── メフィスト

旅行 ── クラークスのデザートブーツ

日本人になる？ ── ナイキのダンクロウ

「スポーツ、さらには社交の場でソックスを履かないことがよくある。年中ビーチサイドルックでいるというわけだ……つまり、快適さは二の次ということ」
『オフィシャル・プレッピー・ハンドブック』

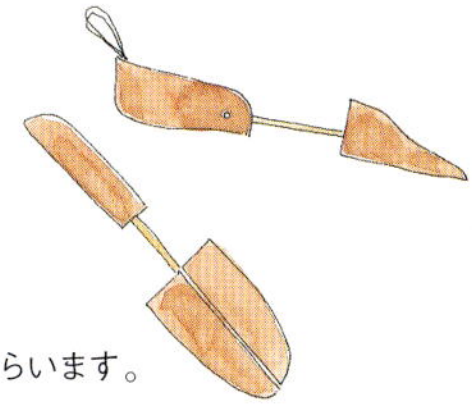

SHOE SALVOS
靴の救世軍

型くずれを防ぐためにシューツリーを使いましょう。なければ、薄葉紙を試してみて。

靴を長もちさせ、快適に歩くには、靴屋で薄いラバーソール（黒かナチュラル）を貼ってもらいます。

革靴に軽く保護スプレーをしておけば、雨や雪、塩分に対して強くなります。

どんな靴も手入れがカギです。革靴は汚れ落としと磨きをまめに行い、スニーカーは頻繁に洗い、つま先とかかとにタップを付けましょう。

「レッドシューズを履いてブルースを踊ろう」 ─デヴィッド・ボウイ

WARDROBE ABCs

ワードローブのABC

「歴史を通して見ても、人々が自分自身をどう思っているかは服装を見ればよくわかります。アンディと映画を観るとき、私はいつも女優の衣装に目を奪われ、そこからその人物や衣装デザイナーがどんな人であるかを知りたいと思うのです」

SOME BASIC CLOTHING DEFINITIONS...

衣服の基本用語

Aラインのスカート／ドレス —— ウエストが締まり、Aの字のように末広がりになっています。スカート丈はひざ丈かわずかにひざ上。

バラクラヴァ —— 頭と首を覆うニットキャップ。目出し帽。ルディ・ガーンライヒは、全面キリンがプリントされたバラクラヴァと靴のアンサンブルをデザインしました。

バトー —— 前後とも同じ深さの広く直線的な襟ぐり。肩の途中まで開いた舟形の襟ぐりで、ボートネックとも呼ばれます。映画〈ビバ! マリア〉を見ると、ブリジット・バルドーがバトーのトップを着ています。

ボックスプリーツ（箱ひだ）—— 2つの折りを組み合わせてプリーツにしたもの。

ブレスレットスリーブ —— ひじと手首の中間くらいまでの長さの7分袖。ブレスレットをはめるには理想的なため、そう呼ばれています。

カプリパンツ —— ふくらはぎで先細りになるストレートパンツ。足首が露出します。映画〈花は贈らないで!〉で黄色のシノワズリーのトップと黄色のカプリパンツを身につけたドリス・デイは、デイジーそのものでした。

エンパイヤウエスト —— ジョセフィーヌ皇妃の宮中で生まれました。一般的にはバストのすぐ下のハイウエストから裾まで直線的に伸びたドレスのことを指します。

フィッシュテールヘム —— 魚の尾の形をした裾。V字に切り欠きがあります。

フラットフロントパンツ —— ストレートパンツ。たいていウエストに切り替えがあり、ポケットはありません。グレース・ケリーは、映画〈上流社会〉で淡黄色のブラウスに幅の広い革ベルト、テーラーメイドのパンツというスポーティーかつエレガントな装いをしています。

グログラン —— 密に編まれたうね織りの布地。ふつうはシルクかレーヨンを用い、補強のために綿を混ぜることもあります。

ハンカチーフヘム —— つなぎ合わせた四角い布がゆるやかに垂れてドレープをつくります。

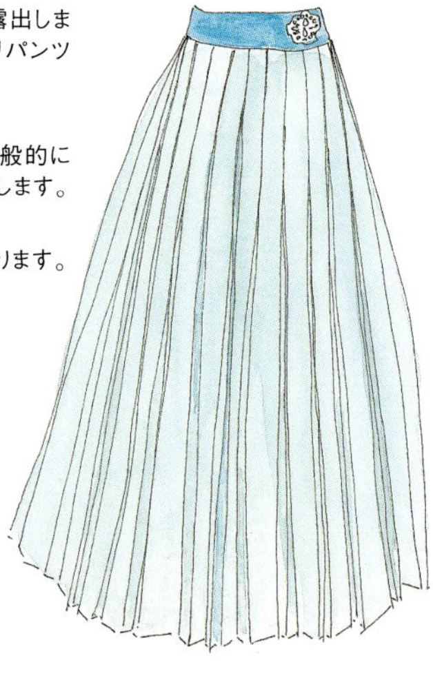

ジュエルネック ―― クルーネックに似ていますが、うねはなく、よりドレッシーです。

ナイフプリーツ ―― 同じ方向に折れている細いひだ。

マッキントッシュ ―― 綿にラバーの防水加工を施した軽量のイギリス製レインコート。

マイロー ―― ワンピースの水着。

ミット ―― 指が出る形の婦人用手袋。

モノキニ ―― 1964年にルディ・ガーンライヒがデザインしたトップレス水着。今でもアヴァンギャルドと評されています。

母娘ファッション ―― 1940年代、母娘でお揃いの格好をするのが流行し、サイズ以外はまったく同じという着こなしアイテムが登場しました。40年代から50年代初め、スポーツウェアデザイナー、クレア・マッカーデルは「ベビー・マッカーデル」という商品ラインを立ち上げ、母娘お揃いのレインコートや水着を生み出しました。

ノッチドカラー ―― 開襟で着る2枚の布を縫い合わせた定番の平らな襟。

パラッツォパンツ ―― ウエストから床まで幅広のパンツ。ホステスパンツと呼ばれることもあります。1960年代半ば、アン・クラインがデザインしたパラッツォパンツのジャンプスーツは、屋外でのおもてなしにぴったりでした。

パッチポケット ―― コートやジャケットなどの外側に生地の3方を縫い付けたもの。

ペプラム ―― ブラウスやジャケットのウエスト部分、またはスカートの縁から伸びた小さなラッフル（ひだ飾り）やフラウンス（裾ひだ飾り）。ペプラムジャケットは、1947年のディオールの「ニュールック」をきっかけに復活しました。

プリンセス ―― 体にぴったりし、ほっそり見えるシルエット。肩より下に切り替えはありません。

サロンスカート ―― 体に巻き、一般に脇で結ぶ長い布。単独で、あるいは水着の上に着用します。もともとはイーディス・ヘッドがドロシー・ラムーアのためにデザインしたものです。

ショールカラー ―― ノッチのない付け襟。首周りが平らで、一般にウエストラインかその少し上で交差します。ローレン・バコールは、ダグラス・サーク監督のメロドラマ〈風と共に散る〉（1956年）でショールカラーのカシミアセーターを着ています。

シースドレス ―― 体の自然なカーブに沿ったシルエット。ストレートスカート同様、裾は細くなったり広がったりしていません。

ストレートスカート ―― 裾に向かって細くも広くもなっていないストレートなシルエット。

サンバーストプリーツ ―― ナイフプリーツに似ていますが、上が細く下が広いため、フレアになります。プリーツを中心から放射状にバイアスに縫う場合もあります。

トレンチコート ―― 深いポケットと幅の広いベルトの付いたダブルのレインコート。後ろにV字の内ひだがあったり、裏地が取り外しできるものもあります。カーキ色や黒が定番。キャロル・リード監督の映画〈第三の男〉で、アリダ・ヴァリ扮するアンナ・シュミットは、トレンチコートを着てウィーンの冷たい雨をしのいでいます。

CLOTHING DETAILS...
衣服のディテール

ボタンループ —— ボタンホールの代わりに布をループ状に縫った留め具。

コントラストステッチング —— 意図的に生地とはちがう色の糸を使って目立たせた縫い目。

花留め —— コード（紐）または組みひもを用いた装飾的な中国風留め具。コードでつくった結び目がボタン代わり。

鳩目 —— 穴を補強する金具。雨具やベルト、ひも靴などに見られます。

パイピング —— ドレス、パンツからパジャマまで、縁取りやアクセントに用いる細い別布。縫い目を隠すはたらきもあります。

トグル —— 棒状のボタン。一般に革、コード、フェイクのつのでできています。

ジッパー —— ボタンに次いで、衣服にもっとも一般的に用いられている留め具。歯と歯が滑り金によって引き合わされて衣服を留めます。

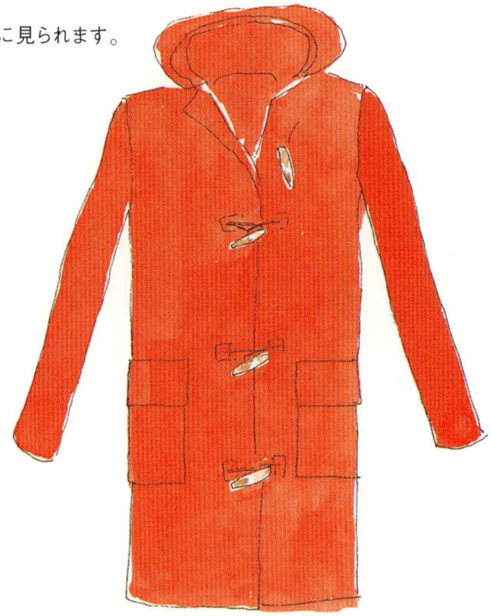

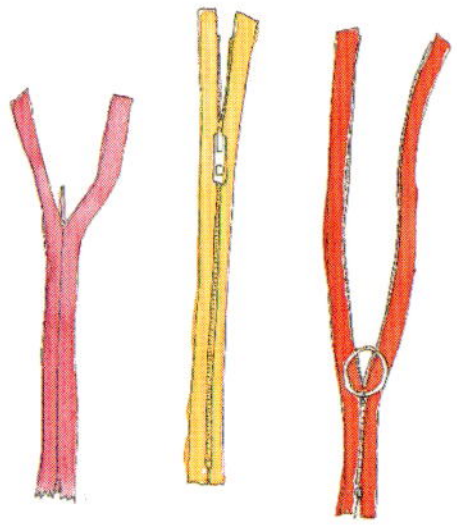

ENDURING STYLE... THE ZIPPER (1917)
不朽のスタイル　ジッパー（1917年）

ファッション界では、ジッパーは1930年代にエルザ・スキャパレリが発明したと言い伝えられていますが、実際はスウェーデン人技師ギデオン・サンドバックが考え出したものです。彼が発明した「分離可能なファスナー」は、1917年に特許を受けました。そのころ、B・F・グッドリッチ社がサンドバックのジッパーを使ってブーツをつくり、「ジッパーブーツ」と名付けました。1930年代には婦人服の留め具に採用され、当時の代表例として、魅惑的なロングのタイトドレスがありました。1937年の「社会の窓戦争」では、ジッパーがボタンに勝利しました。

PLAIDS, TARTANS, AND TWEEDS
プラッド、タータンチェック、ツイード

プラッドとタータンのちがいを聞くのは、ハットとキャップのちがいを聞くのと少し似ています。大ざっぱに言えば、プラッドはスコットランド生まれのタータンチェック柄をベースにしたウールか綿の綾織りのことです。お馴染みのプラッドには、アーガイル、バッファロープラッド（註：赤と黒の大柄のブロックチェック）、グレンプラッド（註：細かい格子柄の組合せからなる、一見大きな格子柄）、ハウンドトゥース（註：千鳥格子）があります。ツイードもスコットランドが発祥です（その名もイングランドとスコットランドを分けるツイード川に由来）が、プラッドやタータンとは大きなちがいがあります。ツイードは、主にウールを材料とする綾織りの織物の総称です。私たちがもっとも目にするツイードは、おそらくヘリンボーンとハウンドトゥース、別名ドッグトゥースでしょう。

TARTANS
タータンチェック

スコットランド人でなくても、タータンチェックの広大な世界を楽しむことができます。

フラワー —— 青と緑は、スコットランドの花、ブルーベルとアザミを象徴しています。

アイリッシュナショナル —— タータンチェックの生地メーカー、ハウス・オブ・エドガーがすべてのアイルランド移民に贈ります。

キャロライナ —— 1730年頃に生まれた歴史あるタータンチェック。1661年にチャールズ2世のウェディングリボンに使われたという説もあります。

TWEEDS
ツイード

丈夫なツイードは、荒天や凍えるような寒い日にもぬくもりを与えてくれます。たとえ身につけているツイードが、ヘリンボーンの帽子だけでも。

デレゲート

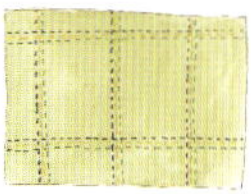

カンダクレイグ

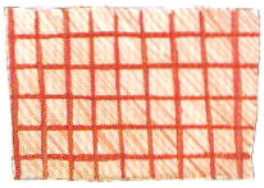

モダンツイード

ハリス＆ルイス社のトレードマーク「ハリスツイード」ラベルは、このソフトウールがスコットランドの西岸沖、ヘブリディス諸島原産である証です。

映画〈四つ数えろ〉の衣裳デザインは、イーディス・ヘッドが手がけました •

SOME USEFUL FABRIC TERMS . . .
覚えておきたいファブリック用語

アンゴラ —— アンゴラ山羊またはアンゴラウサギの毛。少しけばだったとてもやわらかい繊維。

アップリケ —— 布地に別布を縫い付けたり、貼り付けたりする装飾のこと。

ブクレ —— 「バックル付きの」「環のある」という意味のフランス語が語源。編み目に凸凹があり、ところどころにループができています。一般に弾力性のある織物。

シャンブレー —— 白の横糸と色付き縦糸の（ふつうは綿）織物。

シャルムーズ —— 裏がツイルのサテン織物。イブニングドレスやパジャマに多く用いられます。

シフォン —— 透きとおった軽くやわらかい織物。最高級品は絹だが、レーヨンを使ったものもあります。

デュピオニ —— シャンタンに似ているけれど、太く不均一な繊維が織り込まれているのが特徴。

フェイクファー —— 本物の毛皮に代わる合成繊維。

フランネル —— 表にわずかにけばがあり、裏は平織りか綾織りのやわらかいコットン地またはウール地。

ギンガム —— 一般的には木綿糸をチェックやプラッド模様に織った織物。2つの色を組み合わせる場合は、ふつう同じ色調の糸が使われます。伝統的なギンガムは一方に白糸を用います。

ニット（メリヤス） —— 同じ方向に編まれたループ形状の編み目。

マドラス —— ギンガムの一種だが、色数が多く、全面柄。コットンマドラスにはインド製のものもあります。

ペイズリー —— 草花を模した曲線的でカラフルな模様のウール、綿、絹の織物やプリント地のこと。

ピケ —— 一般的には綿だが、絹やレーヨンのものもあります。うね織りにした丈夫で厚手、あるいは中程度の厚みの織物。

サテン —— 手触りが滑らかで裏が単調、というのがこの生地のもっとも基本的な特徴。サテンの種類には、ダブルフェース（註:両面使用できる二重織物）、ダッチェス、スリッパサテン（註:光沢に富み強くて硬い）、ポードゥソワ（註:表面にうねが現れ、丈夫でやわらかい）があります。

シアサッカー —— 縞目を交互に縮ませた薄手の織物。伝統的には白地の縞です。シアサッカーという言葉は、「ミルクと砂糖」を意味するペルシャ語の‘shirushaker’が語源。

シャンタン —— 不均質なスラブ糸によって表面に凹凸がでる平織物。絹が一般的。

シャーティングストライプ —— シャツに適した縞柄の織物。

タフタ —— 光沢のある滑らかな織物（絹、レーヨン、化繊）。

テリー —— 両面にループのある綿パイル。ループが大きいほど吸水性があります。トルコタオルは片面にしかパイルがありません。

ベルベット —— 絹、綿、レーヨン、化繊を少量のウーステッド（梳毛糸《そもうし》）と合わせたやわらかいパイル面の布地。裏は通常、平織り。

AND CLASSICS WE ALL KNOW . . .
そして誰もが知る定番

キャンバス

カシミア

綿

デニム

リネン

絹

ウール

モンゴル山羊は最高級のカシミアになります。

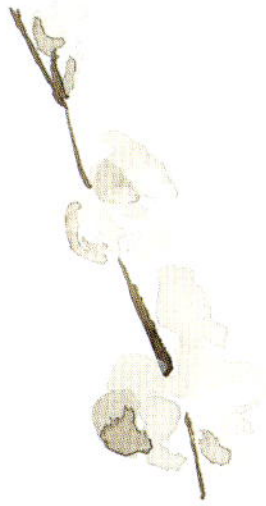

GRADING COTTON
綿の格付け

エジプト綿 —— 繊維の品質はピマ綿よりばらつきがあります。ナイルバレー産。

ピマ綿 —— アメリカ綿とエジプト綿をかけ合わせたもの。テキサス産。

シーアイランド綿 —— 最高級の綿。ジョージア州沿岸産。

アップランド綿 —— アメリカ綿の定番。世界中で栽培され使用されています。

"to cotton to someone（誰かを好きになる）"という表現は、コットン（綿）糸がほとんど何にでもくっつくことから派生しました •

CARING FOR YOUR CLOTHES

衣服のお手入れ

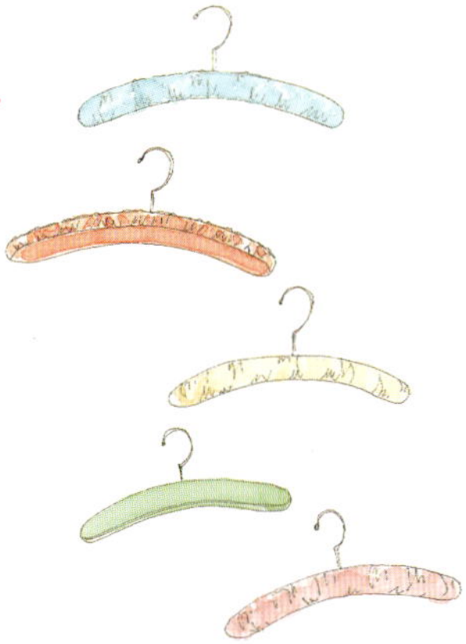

SUGGESTIONS FOR YOUR VINTAGE CLOTHES . . .

ヴィンテージ服に関するアドバイス

ワイヤーハンガーに吊るさないこと。パッド付きハンガーのほうが服にやさしく適しています。

セーターは防虫剤か、同様の効果のあるハーブと一緒に収納します。

洗濯は、中性洗剤で手洗いするのがいちばん安心です。洗濯機で洗う場合も中性洗剤を使います。

乾かすときには平らに置くのが無難です。

ビーズやスパンコールなどの特殊なアップリケや留め具がある服は、ヴィンテージ服の扱いに慣れたクリーニング店に頼みましょう。

ポリエステルやナイロンに空いた小さな穴は、透明なマニキュアで補修します。

古着の白を蘇らせたい場合、漂白剤はあまりおすすめできません。中性洗剤をつけてから洗濯します。効果が現れるまで繰り返し行う必要があるかもしれません。日光には昔ながら漂白作用があるため、時間とスペースがある人は、白いものは外で乾かしましょう。

服直しの専門家はすばらしい腕をもっています。カシミアの小さな穴や、つれた糸、縫い目のほつれ、ゆるんだスパンコールなどはたいてい直してくれます。

CLASSIC SIZE GUIDE クラシック版サイズ表

ヴィンテージ服が好きな人なら、ヴィンテージの6号が今の8号に近いことくらいはご存じでしょう。
ヴィンテージ服など年代物の服はこの表を見てサイズを判断してください。

SIZE サイズ	2	4	6	8	10	12
BUST バスト	32½"	33½"	34½"	35½"	36½"	38"
WAIST ウエスト	24"	25"	26"	27"	28"	29½"
HIP ヒップ	35"	36"	37"	38"	39"	40½"

（註：バスト・ウエスト・ヒップの単位はインチ。1インチ=約2.54センチ）

CARING FOR CASHMERE . . .
カシミアのお手入れ

たっぷりのぬるま湯に中性洗剤かベビーシャンプーを溶かして洗います。

こすり洗いはせず、やさしく押し洗いします。

冷たい水を入れ替えながら水が濁らなくなるまですすぎます。

タオルに巻き、余分な水分を吸い取ります。

平らに広げ、陰干しします。

裏返しにして中温のアイロンをあてます。

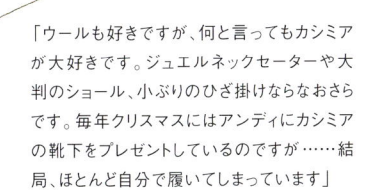

「ウールも好きですが、何と言ってもカシミアが大好きです。ジュエルネックセーターや大判のショール、小ぶりのひざ掛けならなおさらです。毎年クリスマスにはアンディにカシミアの靴下をプレゼントしているのですが……結局、ほとんど自分で履いてしまっています」

QUALITY CASHMERE
高品質のカシミア

この高級なやわらかい繊維は、ワードローブの中でも非常に価値のあるぜいたく品です。カシミアは品質がたしかで長もちします（そのため、長年かけてカシミアのコレクションを買い貯めていくことができるのです）。カシミアを買うときにいちばん気をつけなければならないのは、密度とプライ（糸のより）です。ずっしりと重みのあるセーターを選びましょう。1プライカシミアもほとんどが上質ですが、2プライは感動ものです（3プライ、4プライとなると罰当たりと言ってもいいくらい）。サマーカシミアは、編みゲージの目数が多い、つまり薄手なので季節を問わず着られます。でも透けて見えるものは、一般に質の悪さの現れですので要注意です。

洗い立てのカシミアを野菜の水切り器にかければ、乾かす時間を半分にできます

CARING FOR CLOTHING WITH NATURAL FIBERS
天然素材の衣服のお手入れ

いまや化学繊維の生地のほうが種類が豊富ですが、どれだけ開発されても、天然繊維の素朴さや心地よさに取って代わることはないでしょう。バイクがクルマの代わりになりますか？　なりませんよね。でも両方あったらうれしいものです。

綿　──　洗濯タグに特別な指示がない限り、綿製品は洗濯機や乾燥機に入れても大丈夫です。綿衣類の中には防縮加工されたものもありますが、袖が詰まるのを確実に避けたい場合は、洗濯や乾燥の際、極度に高温にならないように注意しましょう。

リネン　──　繊細な見た目とは逆に、実はもっとも丈夫で長もちする天然繊維です。洗うと滑らかな表面が回復しますので、アンティークの服でなければ、ほとんどは手洗いか洗濯機のソフト洗いでも大丈夫です。白ものはぬるま湯、色ものは冷水で洗います。中性洗剤を使い、よくすすぎます。リネンの襟や袖口をパリッと仕上げるには、まだ生乾きのうちにアイロン掛けしましょう。

絹（シルク）　──　この高級素材は、どんな素材よりも慎重に扱う必要があります。すぐに汚れがつき、香水などのにおいも吸収してしまうからです。どんなシルクも手洗いできると考える怖いもの知らずもいますが、メーカーの洗濯表示に従うのが賢明です。洗えるシルクのアイロン掛けは、裏から低温で行います。あて布を使うと驚くほど効果的です。

ウール　──　天然繊維の中でもっとも温かいのがウールです。雨や雪の湿った寒さでも、底冷えする寒さでもその温かさは変わりません（ウールは実際、気温の低いときは熱を放出します）。汚れにも強いため、頻繁に洗う必要もありません。ただし、セーターをベストコンディションに保つために、着た後は最低1日は休ませます。風通しのいいところでハンガーに掛けておきましょう。シャワーの蒸気がウールを蘇らせる場合もあります。ウールを洗う場合はドライクリーニングに出しますが、洗濯タグに手洗いが適している、もしくは可能と表示されていれば別です。いずれの方法で洗うにしても、長もちさせ、見た目を保つには洗う頻度を減らすことです。

INTERNATIONAL LAUNDRY LEXICON
洗濯の国際用語

wash　　bleach　　dry　　iron　　dryclean

WASHING WHAT YOU WEAR...
着ているものの洗濯

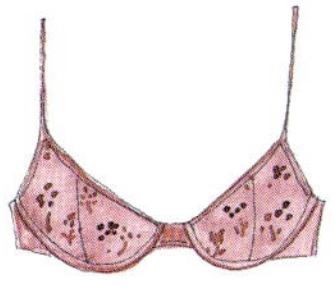

ランジェリーはぬるま湯と中性洗剤で手洗いするのがいちばんです。大切に扱えば長もちもします。

夏用のブラウスは、中性洗剤で手洗いするのが効果的です。すすいだ後、絞らずに10分ほどおき水が抜けるのを待ちます。それからプラスチック製のハンガーに掛け、上、下、真ん中のボタンを留め、やさしく形を整えます。そうすると、シワになりにくいだけでなく、速く乾きます。

自分でウールのセーターを洗ったときは、タオルで丁寧に巻いて余分な水分を吸収させ、平らに干します。（吊るして干すと繊維を傷めるだけでなく、セーターが何センチ分か大きくなってしまいます）

カシミアのセーターを手洗いするのは、服にはとてもよいことです。ドライクリーニングによる毛玉も防げます。

高級な靴下も手洗いに値する場合があります。乾燥機を使わず自然乾燥させるとデリケートな繊維やスパンデックスのようなエラスチン繊維（弾力繊維）に負荷を与えずに済みます。

ブルージーンズをブルーに保ち、フィット感を維持するには、裏返しにして洗濯し、やさしく乾燥させます。

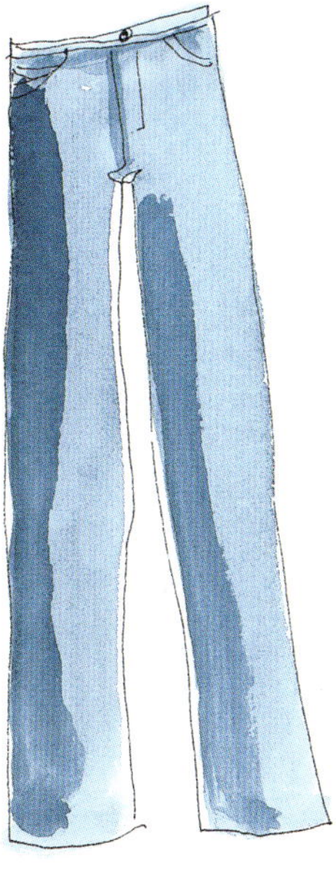

A CAUTIONARY NOTE ABOUT DRY CLEANING...
ドライクリーニングに関する注意

時間は節約できますが、賢く利用することが必要です。とくにセーターやコートは要注意。繰り返すうちに薬品のせいで色が褪せたり、生地がもろくなったりする場合があります。とくに白ものは、速く古めいてきてしまいます。パーティー用の服（レース、サテン、シルクシフォン、特殊な袖や裾のものなど）は、専門のクリーニング店に持ち込みましょう。

A FEW CLOSING WORDS OF ADVICE...
最後にアドバイスをひと言

セーターに毛玉ができていませんか？　小さなウールの塊は、毛玉取り器という単純な機具で難なく取り去ることができます。（小間物店や家庭用品店などで手に入ります）

出かける際、犬や猫は家においていきましょう。外で出会った迷い犬や猫の毛は残らず粘着ローラーで取り除きます。黒い服は特に念入りに。

STAIN CHART しみ抜きチャート

しみは女性のワードローブの大敵ですが、どんなに気をつけていても、必ず姿を現します。経験的に言って、その生地を傷めないと思う程度の高温のお湯で対処するのがよいようです。また、一度では落ちない場合があることを覚えておきましょう。いくら努力しても、どうしても消えないものもあります。ただどんなしみについても言えることは、早く対処すればするだけ効果的だということです。

SUBSTANCE しみの原因	SOLUTION 落とし方
ベリー類	水に浸け、変性アルコールで軽く叩き、酢で洗い流します。少量の洗剤でもう一度軽く叩きます。
チョコレート	すぐに対処します。しみ抜き剤を使ってなるべく早く洗い落とします。チョコレートじみは頑固でなかなか落ちないため、複数回繰り返す必要があるかもしれません。それでもしみ跡が残ることも覚悟しましょう。
コーヒー（ブラックまたは砂糖入り）	水か酢をかけ、30分間浸けておきます。洗剤で部分洗いします。
コーヒー（ミルク入り）	ドライクリーニング用溶剤をつけ、乾かします。洗剤で部分洗いした後、お湯で洗います。
インク	ボールペン：重ねたペーパータオルの上に、しみのついた面を下向きにして載せ、消毒用アルコールか洗剤、またはドライクリーニング用溶剤をしみ込ませた布で拭きます。すすいでから洗濯します。 フェルトペン：まず、しみの部分に湯をかけ、できるだけしみを洗い流します。必要に応じて複数回繰り返します。乾いた後、洗剤を少量使って洗い、すすぎます。家庭用アンモニアを大さじ2杯加えた水に4時間以上浸し、すすぎます。必要に応じてこれを繰り返します。
口紅	しみのついた面を下向きにして、重ねたペーパータオルの上に載せ、しみ抜き剤を使うか、ドライクリーニング用溶剤をしみ込ませた布で拭くかした後、すすぎます。次に中性洗剤をしみに直接つけ、しみが消えるまでこすり洗いします。すすいで洗濯します。
紅茶	チョコレート同様、素早く対処します。変色を防ぐには、レモン汁で洗い流し、薄めた漂白剤少量で洗います。紅茶に砂糖やミルクが入っていた場合は、上記のコーヒーの欄を参照。
赤ワイン	なるべく早く対処します。塩でしみを覆い、5分間置きます。しみのついた箇所をボウルか洗面器にかぶせて張り、はずれないように輪ゴムで留めます。30センチ以上の高さから熱湯を流しかけます。しみが消えるまで繰り返します。
白ワイン	素早く対処します。水で十分に洗い流し、洗濯します。

JEWELRY

ジュエリー

CARING FOR YOUR COSTUME JEWELRY...

コスチュームジュエリーのお手入れ

「長年の試行錯誤の末、私のお楽しみジュエリーを収納するには、ハンギングバッグを使うのがいちばん楽なことがわかりました。いっぺんに見られますし、これだけの数を引き出しに入れるより、スペースも節約できます」

香水をつけた直後にジュエリーを身につけてはいけません。香りが落ち着くまで数分待ちましょう。

ジュエリーの理想的な保管方法は、**モスリン**で包み、ビニール袋にしまいます（袋にラベルを貼るのを忘れずに）。布を省いて、ビニール袋に入れるだけでも効果的です。できるだけ酸性にならない環境を保ちましょう。

接着剤を使用したものには、**水**は厳禁です。

セッティングがゆるむこともありますので、台座の爪をチェックしてもらいましょう。

TIPS FOR CLEANING, HANDLING, AND STORING YOUR FINE JEWELRY...

高級ジュエリーのクリーニング、取扱い、保管のヒント

お手入れ可能なジュエリーは、**中性洗剤**とぬるま湯で洗うのがいちばん安全です（アンモニアやアルコール入り洗剤は厳禁）。いくら簡単でも、洗面台は紛失の恐れがあるので避け、小さめのプラスチック洗面器を使いましょう。

では**水洗い**してもよいものは？　ダイヤモンド、サファイヤ、ルビーは洗えます。エメラルド以外の透明な石はほとんど洗えます。琥珀、サンゴ、翡翠、クンツァイト、ラピスラズリ、オパール、パール、トルコ石には、石けんや水を使わないように注意します。不安なときは、宝石店に相談しましょう。

パールはデリケート（それも魅力のひとつ）なので、傷がつかないように小袋に入れ、他のものと分けて保管します。パールのネックレスは、2年おきに糸を交換しましょう。糸が切れてパールが散らばったら大変！　身につけた後は、必ず湿ったやわらかい布で拭きます。肌から拾った酸を拭き取れば、いつまでも自然の輝きを保ちます。

べっこうや象牙を直射日光に当て続けてはいけません。人間と同じで日焼けはよくありません。

極度の**高温・低温**に弱いジュエリーもあります。木、象牙、オパールは特に敏感です。

高価なものやお気に入りのジュエリーは、他のものと分けて保管し、傷がついたり、チェーンが絡んだりするのを防ぎます。そうすればどこに何があるか見分けやすくもなります。**ジュエリーボックス**を利用すれば、手持ちの宝石をよい状態に保ってくれます。

飛行機に乗る際、ジュエリーを預ける荷物には入れず、機内に持ち込めば**旅行のときも安心**です。

THANK YOU

感謝を込めて

私の無謀なプロジェクトはどれもたくさんの方々の助けに支えられてきましたが、この本も決して例外ではありません。周りにいる人 —— 夫やケイト・スペードの仲間たちから、いつも申し分のないマナーを示してくれる愛犬ヘンリーまで —— 皆が私に手を貸してくれました。

クリエイティブ部門の責任者であり、私とアンディの古い友人でもあるジュリア・リーチは、本当にいっしょになってこの本をつくり上げてくれました。プレッシャーの中、どうやってあれだけのパワーと麗しさを保っていられるのかわかりませんが、彼女がいてくれて本当に助かっています。ジュリアとタンデムを組んで仕事をしているのが、この本の編者で新しい友人、ルース・ペルタソンです。彼女の熱意と専門知識のおかげで、皆でこの本を特別なものにすることができました。この2人と共に尽力してくれたのが、才能あふれるイラストレーターのヴァージニア・ジョンソン、プロジェクト全体の方向づけをしてくれたデザイナーのアルバータ・テスタネロ、そしてこの本を構想し現実のものとしたアナ・ロジャースでした。

この会社を興すずっと前からの友人でビジネスパートナーでもあるエリース・アロンズとパメラ・ベルは、このプロジェクトを大いに支援してくれました。彼女たちの助言や自身の経験、そしてこれまでに共有してきた経験すべてが本書に結実しています。ケイト・スペード社長ロビン・マリーノの友情と励ましもそうですし、パブリシティー活動を巧みにリードしてくれたマリベス・シュミットにも感謝しています。他にも、オフィスのスーザン・アンソニー、バーバラ・コルスン、ステイシー・ヴァン・プラーグ、メグ・タウボーグ、そしてクリエイティブスタッフ全員 —— ビズ・ザスト、ローレン・ハウエル、ジェニファー・ラスク、チェリー・ベリー、ナシーム・ニアラキ、アンソニー・クームズ —— に感謝を述べたいと思います。ケイティー・パウエル・ブリックマンとエリザベス・ヤーボローは快く調査に取り組んでくれました。

この種の本を書くには、多少気が引けるところもあったのですが、ダイアナ・ヴリーランドやリリー・ピューリッツァー、ビョークなど、私が敬愛してやまない心意気や輝きをもった多くの女性たちが“導いて”くれました。そして映画作品を通して私にインスピレーションと知恵を与えてくれた各時代の偉大な衣装デザイナーたちにも心から感謝を捧げます。映画評論家キャリー・リッキーとライターのローラ・ジェイコブズはそれぞれ情報源となり、貴重な時間と知識を提供してくれました。

本の出版は私にとって初めての経験でしたが、エージェントのアイラ・シルヴァーバーグのすばらしく賢明な対応にとても感謝しています。サイモン＆シュスター社の熱意あふれるクルーにも恵まれました。同社の副社長で発行人のデーヴィッド・ローゼンタールの情熱には私たち皆が圧倒されました。また辛抱強く編集を担当してくださったアマンダ・マレー、それから、ウォルター・L・ウェインツ、マイケル・セレック、トレイシー・ゲスト、ピーター・マッカラックの皆々様、ありがとうございました。

そしてもちろん、夫のアンディ。今から10年以上前にはこのビジネスを、今度はこの本を手がける勇気をくれました。「もう本ならたくさん出ているし、私たちは読むのが好きでしょう？」と私は彼に言いました。「本当に書く側をやってみたほうがいいと思う？」その答えがここにあります。アンディがスタイルについて語るのを聞くのは、私にとって“less-is-more（レスイズモア）”精神の鍛錬です。アンディの、周りの人間まで楽しくなってくるようなものの考え方やアイデアや声が、本書の至るところに詰まっています。彼の励ましやユーモア、そして愛も。私は本当に幸せ者です。限りない感謝を込めて。

ケイト・スペード

SELECT BIBLIOGRAPHY
参考文献一覧

Ballard, Bettina, *In My Fashion: An Intimate Memoir About the People, Places, and Events That Make Up the World of High Fashion.* New York: David McKay Co., 1960.

Bender, Marilyn. *The Beautiful People.* New York: Coward McCann, Inc., 1967.

Benton, Robert, and Harvey Schmidt. *The In and Out Book.* Introduction by Russell Lynes. New York: The Viking Press, 1959.

Bowles, Hamish. *Jacqueline Kennedy: The White House Years: Selections from the John F. Kennedy Library and Museum.* With contributions by Arthur M. Schlesinger, Jr., and Rachel Lambert Mellon. New York: Metropolitan Museum of Art/Bulfinch Press, 2001.

Charles-Roux, Edmond. *Chanel and Her World.* New York: The Vendome Press, 1981.

Dariaux, Geneviève Antoine. *Elegance: A Complete Guide for Every Woman Who Wants to be Well and Properly Dressed on All Occasions.* Garden City, New York: Doubleday & Company, Inc., 1964.

Diamond, Jay and Ellen. *Fashion Apparel and Accessories.* Albany, New York: Delmar Publishers, Inc. 1994.

Esten, John. *Diana Vreeland: Bazaar Years, Including 100 Audacious Why Don't Yous...?* New York: Universe Publishing, 2001.

Gutner, Howard. *Gowns by Adrian: The MGM Years, 1928-1941.* New York: Harry N. Abrams, Inc., Publishers, 2001.

Hawes, Elizabeth. *Fashion is Spinach.* Decorations by Alexey Brodovitch. New York: Random House, 1938.

Head, Edith, and Jane Kesner Ardmore. *The Dress Doctor.* Boston: Little, Brown and Company, 1959.

Head, Edith, and Paddy Calistro. *Edith Head's Hollywood.* Foreword by Bette Davis. New York: E. P. Dutton, Inc. 1983.

Johnson, Anna. *Handbags: The Power of the Purse.* New York: Workman Publishing, 2002.

McDowell, Colin. *Hats: Status, Style, and Glamour.* New York: Thames & Hudson, 1997.

Martin, Richard. *American Ingenuity: Sportswear 1930s-1970s.* New York: The Metropolitan Museum of Art, 1998.

Martin, Richard, and Harold Koda. *Christian Dior.* New York: The Metropolitan Museum of Art/Harry N. Abrams, Inc., 1996.

——*Splash! A History of Swimwear.* New York: Rizzoli, 1990.

Mendelson, Cheryl. *Home Comforts: The Art and Science of Keeping House.* New York: Scribner, 1999.

Mendes, Valerie. *Dressed in Black.* New York: V&A Publications in association with Harry N. Abrams, Inc., 1999.

Milbank, Caroline Rennolds. *The Couture Accessory.* New York: Harry N. Abrams, Inc., 2002.

——*Couture: The Great Designers.* New York: Stewart, Tabori & Chang. Inc., 1985.

O'Keeffe, Linda. *Shoes: A Celebration of Pumps. Sandals, Slippers & More.* New York: Workman Publishing, 1996.

Picken, Mary Brooks. *The Fashion Dictionary: Fabric, Sewing and Dress as Expressed in the Language of Fashion.* New York: Funk & Wagnalls, 1957.

The Portable Dorothy Parker. Introduction by Brendan Gill. Rev. ed. New York: Penguin Books, 1973. Reprint 1977.

Post, Emily. *Etiquette: The Blue Book of Social Usage.* New York: Funk & Wagnalls Co., Publishers, 1945. Reprint 1949.

Rudofaky, Bernard. *Are Clothes Modern?* Chicago: Paul Theobald, 1947.

Snow, Carmel, with Mary Louise Aswell. *The World of Carmel Snow.* New York: McGraw-Hill Book Co., Inc., 1962.

Steele, Valerie, and Laird Borelli. *Handbags: A Lexicon of Style.* New York: Rizzoli Publishers, 1999.

Strunk, William, Jr., and E. B. *White. The Elements of Style.* 2nd ed. New York: The Macmillan Company, 1972.
ウィリアム・ストランク・Jr、E・B・ホワイト共著『英語文章ルールブック』荒竹三郎・訳／荒竹出版（1985年）

Tapert, Annette, and Diana Edkins. *The Power of Style: The Women Who Defined the Art of Living Well.* New York: Crown Publishers, Inc., 1994.

Vreeland, Diana, with Christopher Hemphill. *Allure.* Garden City, New York: Doubleday & Co., Inc. 1960.

Warhol, Andy. *Style, Style, Style.* Boston: Bulfinch Press, 1997.

Yohannan, Kohl, and Nancy Nolf. *Claire McCardell: Redefining Modernism.* New York: Harry N. Abrams, Inc., 1998.

ANIMALS WITH STYLE スタイリッシュな動物

天才猫のモーリス、『オズの魔法使い』に出てくる犬のトト、ルーズベルト大統領が飼っていたスコットテリアのファラ、映画〈黒馬物語〉のブラック・ビューティー、ベーブ、アメリカの作家ガートルード・スタインのプードルのバスケット、映画〈ハリーとトント〉の老猫トント、ウィリアム・ウェグマンが撮ったワイマラナー、ウィンザー公夫妻所有の無数のパグ、映画〈影なき男〉のスター犬アスタ、ヘンリー。

CARTOON CHARACTERS WITH STYLE スタイリッシュな漫画キャラクター

デイジー・ダック、「アーチー」シリーズのヴェロニカ・ロッジ、スカンクのペペ・ル・ピュ、「宇宙家族ジェットソン」のジュディー・ジェットソン、白雪姫、オリーヴ・オイル、ミニー・マウス、ルーシー・ヴァン・ペルト、ナターシャ・ファタール、ピンク・パンサー。

Editors: Ruth A. Peltason（ルース・A・ペルタソン）, for Bespoke Books
Julia Leach（ジュリア・リーチ）, for kate spade

Designers: Ana Rogers（アナ・ロジャース）
Alberta Testanero（アルバータ・テスタネロ）, for kate spade

The author and publisher gratefully acknowledge those writers and designers whose works contributed to this book.

Except from "My Nightmare," by Nora Ephron, in *The New York Times Sunday Magazine*, March 23, 2003

Lyrics from "Fly Me to the Moon," words and music by Bart Howard; TRO__© copyright 1954 (renewed) Hampshire House Publishing Corp., New York, New York

Morris® the Cat ©Del Monte Foods

SIMON & SCHUSTER
Rockefeller Center
1230 Avenue of the Americas
New York, NY 10020

Copyright © 2004 by kate spade llc
All rights reserved,
including the right of reproduction
in whole or in part in any form.

Simon & Schuster and colophon are registered trademarks of Simon & Schuster, Inc.

For information regarding special discounts for bulk purchases, please contact Simon & Schuster Special Sales at 1-800-456-6798 or business@simonandschuster.com

Manufactured in Italy

10 9 8 7 6 5 4 3 2 1

Library of Congress Cataloging-in-Publication Data

Spade, Kate.
 Style : always gracious, sometimes irreverent / by Kate Spade ; edited by Ruth Peltason and Julia Leach ; illustrations by Virginia Johnson.
  p. cm.
 Includes bibliographical references.
 1. Clothing and dress. 2. Fashion. 3. Beauty, Personal. 4. Costume–History. I. Peltason, Ruth A. II. Leach, Julia (Julia E.) III. Title.
TT507.S697 2004
391'.2–dc22

STYLE スタイル
by Kate Spade ケイト・スペード著
2005年7月25日　初版第1刷発行

○日本語版制作スタッフ
日本語翻訳協力　株式会社トランネット：訳者　石原 薫
日本語テキストデザイン　鈴木理佳　山口眞智子
プリントディレクター　栗原哲朗（図書印刷株式会社）
編集　小宮亜里　千葉淳子
編集協力　二見屋良樹
企画協力　ケイト・スペード事業部：柳澤綾子　鹿野和男
　　　　　　　　　　　　　　　　　岡本敬子

発行者　木谷仁哉
発行所　株式会社ブックマン社
　〒101-0065　東京都千代田区西神田3-3-5
　TEL 03-3237-7777　FAX 03-5226-9599
　http://www.bookman.co.jp/

ISBN　4-89308-582-4

印刷・製本：図書印刷株式会社

PRINTED IN JAPAN

○読者の皆さまへ
本文中、（註：──）と表記されているものは、日本語版編集時に追加した注釈です。

乱丁・落丁本はお取り替えいたします。
本書の一部あるいは全部を無断で複写複製および転載することは、法律で認められた場合を除き著作権の侵害となります。